Manejo del dolor en el cáncer

POR LA SUPERACIÓN DEL SER HUMANO Y SUS INSTITUCIONES

Pamela J. Haylock • Carol P. Curtiss

Manejo del dolor en el cáncer

Cómo conquistar el dolor causado por el cáncer y su tratamiento

PANORAMA EDITORIAL

MANEJO DEL DOLOR EN EL CANCER

Previamente publicado bajo el título de:
EL CANCER NO TIENE POR QUE DOLER

Título original en inglés:
CANCER DOESN'T HAVE TO HURT

Derechos Reservados
Copyright © 2005, 2013 by Pamela J. Haylock
Carol P. Curtiss

First published as *Cancer Doesn't Have to Hurt*
by Hunter House, Inc., Publishers in Alameda, USA

Portada:
Fotografía: Archivo Digital/Digital Stock

Traducido al español por:
Alejandra Medrano

Primera edición en español: 2013
© Panorama Editorial, S.A. de C.V.
   Manuel Ma. Contreras 45-B
   Col. San Rafael 06470 - México, D.F.

Tels.: 55-35-93-48 • 55-92-20-19
Fax: 55-35-92-02 • 55-35-12-17
e-mail: panorama@iserve.net.mx
http://www.panoramaed.com.mx

Printed in Mexico
Impreso en México por:
Programas Educativos, S.A. de C.V.
Calz. Chabacano No. 65 Local A
Col. Asturias 06850 - México, D.F.
ISBN 978-607-452-426-0

Dedicatoria

*Este libro está dedicado a aquellos
que sufren de dolores relacionados
con el cáncer que no han sido aliviados,
con la esperanza de que podamos
marcar una diferencia en la calidad
de sus vidas y, especialmente, a la
memoria de Lloyd A. Haylock, Jr.,
Cynthia Shanahan Anderson y
Marjorie R. Perry.*

Agradecimientos

Las autoras agradecen el apoyo, estímulo y ayuda provista por Carol Blecher, R.N., C.C.N.S., A.O.C.N., M.S.; Barbara Britt, R.N., M.S.N.; Betty Ferrell, Ph.D., R.N., F.A.A.N.; Margaret Gosselin, Ed.D.; Susan Leigh, R.N., B.S.N.; Anne Sasaki, M.S.W., y Don D. Wilson, M.D. Estamos particularmente en deuda con las muchas personas con cáncer y sus familias que nos han enseñado tanto.

Apreciamos a nuestra editora, Hunter House, y agradecemos especialmente a Mali Apple, nuestra correctora de estilo, por ayudarnos a poner por escrito nuestras palabras de maneras que el lector pueda utilizar con facilidad; Lisa Lee, directora de proyecto y editora, por su entusiasmo con la idea de *El cáncer no tiene por qué doler*; Jenny Moore, coordinadora editorial, por ayudarnos a colaborar una con otra y con Hunter House, a pesar de la distancia, y con Kiran Rana, editora, por darnos esta oportunidad de llegar a más gente de la que jamás alcanzaríamos en nuestras vidas cotidianas habituales.

Con agradecimiento y amor a Don, Jack, Jennifer y Paul.

Carta de derechos para las personas con dolor producido por el cáncer

- Usted tiene el derecho a que los profesionales de la salud, la familia, los amigos, y aquellos que lo rodean, alivien su dolor.

- Su confort es una parte importante de la salud. El alivio del dolor debe ser tratado como una prioridad.

- Usted tiene el derecho a que su dolor sea controlado, no importa cuál sea la causa o cuán severo sea.

- Usted tiene el derecho a ser tratado con respeto en todo momento.

- El uso apropiado de los medicamentos para el dolor no es abuso de drogas. Es legal e importante en su tratamiento.

- Usted tiene el derecho a que el dolor causado por procedimientos y tratamientos sea prevenido o al menos minimizado.

- Usted tiene la responsabilidad de ayudar a manejar su dolor.

(De Iowa Cancer Pain Relief y Wisconsin Cancer Pain Initiative. Utilizado con permiso.)

Índice

Prefacio

por Susan Leigh, R.N., B.S.N., ex presidenta,
National Coalition for Cancer Survivorship[1]

*Lamentablemente, el dolor es un viejo conocido
de los sobrevivientes del cáncer. Lo que es más,
el diagnóstico de cáncer a menudo genera la expectativa
de dolor, molestias corporales y sufrimiento físico tales
que el dolor y el miedo a menudo se convierten en elementos
entrelazados en el peso cargado por el sobreviviente.*

—Fitzhugh Mullan

Casi todos aquellos que son diagnosticados con cáncer sufrirán algún tipo de dolor, y esto ciertamente no está limitado a aquellos que están muriendo. Como sobreviviente de tres experiencias de cáncer diferentes, recuerdo el dolor de las incisiones quirúrgicas, las agujas, las sondas, las biopsias, las aspiraciones de médula espinal, las quemaduras de la radiación, el estreñimiento severo, los vómitos persistentes, el herpes, la irritación de vejiga, los espasmos y las infecciones —y éstos sólo eran los dolores físicos. Aquellos de nosotros que hemos vivido el dolor relacionado con los tratamientos o con la enfermedad sabemos que no sólo afecta nuestros cuerpos, sino también nuestras mentes, nuestras almas, nuestras relaciones, nuestro trabajo, nuestros juegos y nuestros sueños sobre el futuro. Combine el dolor físico con los dolores emocionales del miedo,

---

[1] Coalición Nacional para la Sobrevivencia al Cáncer (Nota de la Trad.).

la vulnerabilidad y la tristeza; el dolor social de las disrupciones familiares, los problemas en las relaciones y las preocupaciones laborales y financieras, y el dolor espiritual o existencial de la pérdida de la esperanza, del periodo de vida amenazado, o un cuestionamiento de las creencias religiosas, y el sufrimiento se magnifica.

Algunos dolores son temporales, como el piquete de una aguja, y mordemos la bala y lo superamos. Otros dolores duran semanas, o meses, y pueden agotar nuestra energía física, mental y emocional. Para aliviar el dolor corporal, los médicos han recetado medicamentos rutinariamente; a menudo las enfermeras han decidido lo bien que estaba funcionado uno de éstos, y tanto médico como enfermera —y a veces los miembros de la familia— han juzgado ocasionalmente cuánto dolor deberíamos tolerar. Además, muchos de nosotros todavía creemos que el dolor es parte del paquete, que es algo que debe esperarse y tolerarse, mientras que el miedo a la adicción ha llevado a años de sufrimiento incontrolado. La energía utilizada para combatir el dolor se le quita a aquella que es necesaria para sanar nuestros cuerpos y nutrir nuestras relaciones. Mientras que la persona pasiva, estoica y que no se queja era descrita en el pasado como un "buen paciente", todos debemos estar agradecidos de que las ideas de la sociedad sobre soportar el dolor estén cambiando.

A medida que nos convertimos en consumidores médicos más informados, aceptamos una mayor responsabilidad por las decisiones que involucran el cuidado de nuestra salud. Se ha vuelto más aceptable pedir, y en ocasiones exigir, un control adecuado del dolor, y así nos hemos convertido en nuestros propios defensores. Sin embargo, como escribió la sobreviviente del cáncer y defensora Ellen Hermanson: "No se puede esperar que los pacientes cansados, asustados y enfermos hagan todo el trabajo para lograr que se controle su dolor". A fin de combatir el dolor con todo lo que esté a nuestro alcance —medicamentos, terapias complementarias, información, comunicación— necesitamos tener una buena relación con nuestro equipo de profesionales de la salud y la suficiente seguridad personal como para dar a conocer nuestras necesidades.

Este libro me recuerda a un *Catálogo Universal* completo, pero sencillo de leer, para el control del dolor. Las autoras reconocen primero al dolor como a un problema mayor de salud y luego nos ayudan a comprender este síntoma en relación al cáncer. Enfatizan nuestro derecho al control del dolor, nos ofrecen herramientas prácticas para identificar y describir nuestra experiencia y ayudan a quitar el velo de misterio del manejo de nuestra aflicción al explorar tanto la medicina tradicional como las terapias complementarias.

Mientras que se enumeran recursos valiosos, hay un importante mensaje en estas páginas que nos recuerda que reconozcamos lo diferentes que somos como individuos. Todos reaccionaremos al dolor de maneras muy diferentes. Igual que nuestros cánceres son diferentes, también lo son nuestra salud física y emocional, circunstancias, culturas y el significado que le damos al dolor. A fin de utilizar los recursos que tenemos a nuestra disposición y hacer del dolor algo manejable, debemos aprender a encontrar las palabras correctas y a describir nuestro sufrimiento de manera adecuada.

Cuando comenzamos a poner el dolor en palabras, éste empieza a relatar una historia, y a menudo esa historia disminuye o alivia el dolor. Así que el esfuerzo por encontrar un lenguaje para el dolor es tanto importante como sanador.

—M. Lerner

Al enseñarnos el lenguaje del dolor, las autoras nos ayudan a reescribir nuestros guiones y a diseñar nuestros destinos. Que este libro los ayude a todos a tener finales más felices.

Un mensaje de las autoras

Ambas hemos sido enfermeras por más de veintinueve años. La mayor parte de ese tiempo, nos hemos especializado en cuidar de personas y familias que se enfrentan al cáncer. Hemos visto un gran avance en la manera en la que se maneja el cáncer. A pesar de ese progreso, las personas con cáncer sufren dolor. Sabemos que *el cáncer no tiene que doler*, que la mayor parte del dolor relacionado con el cáncer y con el tratamiento del mismo es innecesario. Los médicos, enfermeras y hasta la persona con dolor pueden ser culpados por este sufrimiento innecesario. Estas mismas personas pueden hacer que el dolor desaparezca. Dado que todos los médicos, enfermeras y farmaceutas podrían no estar capacitados en el control del dolor relacionado con el cáncer, la persona con cáncer, y su familia, tienen que exigir que el dolor sea controlado. Los profesionales de la salud están aprendiendo cómo lograrlo lenta, pero seguramente. El gobierno de Estados Unidos ha emitido asesoría formal para tratar al dolor relacionado con el cáncer. Clases especiales ayudan a las enfermeras, farmaceutas y médicos a aprender a manejar mejor el dolor del cáncer.

Queremos que este libro ofrezca los hechos en palabras fáciles de aprender a las personas que se enfrentan al cáncer. Estudios científicos revelan que las personas que tienen problemas para describir el dolor y aquellas cuyos conocimientos sobre éste son mínimos son quienes sienten más dolor. Sabemos que el conocimiento es poder, y queremos que la gente que se enfrenta al cáncer tenga el poder para controlar el dolor. Este es nuestro propósito y esperanza al escribir este libro.

En estas páginas a menudo nos referimos a "el paciente", aun cuando nos damos cuenta de que a las personas con cáncer, o a los sobrevivientes al cáncer, les desagrada este término —prefiriendo ser llamadas "sobrevivientes". En los materiales escritos, Oncology Nursing Press a menudo reemplaza la palabra "paciente" con "la persona con cáncer". Nosotras elegimos referirnos a "la persona con cáncer" y a "el sobreviviente al cáncer" simplemente como "paciente" y esperamos que los lectores acepten este uso como un intento por lograr una mayor claridad.

La ausencia de dolor ayuda a la gente a vivir mejor, y ahora hay señales de que la ausencia de dolor también ayuda a las personas a vivir por más tiempo. Hay tratamientos y métodos que pueden aliviar la mayor parte del dolor relacionado con el cáncer. Casi cualquiera puede encontrar maneras de aliviar el dolor relacionado con el cáncer. Este libro lo ayudará a encontrar confort para sí mismo o para algún ser querido.

Introducción

Puntos clave

- El cáncer no tiene que doler.
- Todos tienen el derecho a exigir un buen control del dolor.
- Las barreras para el buen control del dolor relacionado con el cáncer pueden superarse a través del conocimiento.

Más de la mitad de las personas a las que se les diagnostica cáncer son tratadas exitosamente. Muchas que no pueden ser curadas pueden vivir con su cáncer controlado por bastante tiempo —algunas por muchos años. No importa si el objetivo del tratamiento es la cura, el control, o el comfort, todas las personas con cáncer deben esperar disfrutar de todo el tiempo que les quede, no importa si éste es corto o largo. Para muchos, la clave es el control efectivo del dolor.

El dolor es un ladrón, le roba a la persona que lo sufre la oportunidad de disfrutar de estar vivo —la oportunidad de ir a un picnic, de asistir a una cena familiar, o de dar una placentera caminata. El dolor le roba a un niño los buenos momentos con uno de sus padres o abuelos. El dolor hace difícil vestirse en las mañanas y hacer otras cosas que todos damos por sentadas. Preparar una comida, comer, o hasta hablar, pueden ser un desafío para alguien con dolor. El dolor severo dificulta el dormir y hace que resulte imposible trabajar. El dolor puede hacer que una persona haga grandes cambios en su vida cotidiana. El dolor hace que algunas personas se alejen de sus amigos y familiares. De hecho, la mayoría de las personas dicen que no temen a morir de cáncer, lo que realmente las asusta es el dolor que creen que lo acompaña.

Para mucha gente con cáncer, "el alivio del dolor requiere de mucha energía. El alivio del dolor puede llevar un largo tiempo para lograrse… pero, para una gran cantidad de nosotros, el tiempo es un problema". Eso dice Ellen Hermanson, que ha sobrevivido al cáncer de senos siete años. Ella también dice que aprendió que el control del dolor es un acto de equilibrio y que éste puede cambiar casi a diario.

Las personas con cáncer tienen derecho a la comodidad. Este derecho se expresa en la "Carta de Derechos para las Personas con Dolor Producido por el Cáncer" que se presenta más abajo. Las organizaciones profesionales tales como la Oncology Nursing Society,[2] la American Cancer Society,[3] la American Pain Society,[4] y la American Society of Clinical Oncologists,[5] están de acuerdo. El sistema legal estadounidense también reconoce este derecho. En 1990, un tribunal de Carolina del Norte adjudicó quince millones de dólares de compensación a la familia de un hombre con cáncer que murió sufriendo fuertes dolores en un hospital particular en el que no se le habían administrado medicinas para el control del dolor. La responsabilidad de ofrecer buen control para el dolor es clara. Los médicos, farmaceutas, las enfermeras y las personas con dolor relacionado por el cáncer son socios en el control del mismo.

---

[2] Sociedad de Enfermería Oncológica (Nota de la Trad.).
[3] Sociedad Americana del Cáncer (Nota de la Trad.).
[4] Sociedad Americana del Dolor (Nota de la Trad.).
[5] Sociedad Americana de Oncólogos Clínicos (Nota de la Trad.).

Las personas con cáncer no tienen que sufrir de dolores severos, ellas tienen el derecho a que se trate su dolor agresivamente. Aliviar el dolor relacionado con el cáncer es la responsabilidad de todas las personas que atienden al paciente que lo sufre. Las organizaciones particulares como la Oncology Nursing Society establecen las iniciativas sobre el dolor relacionado con el cáncer, y la American Society of Clinical Oncology[6] concuerdan: los profesionales de la salud tienen el deber ético de intentar todo lo posible para aliviar el dolor relacionado con el cáncer. El dolor no aliviado aumenta el sufrimiento y el peso de tener cáncer. El no tratar el dolor relacionado con el cáncer no es una práctica médica o de enfermería aceptable. Sin embargo, y aún así, mucha gente sigue padeciendo dolor innecesariamente.

Si sabemos cómo tratar el dolor producido por el cáncer, ¿por qué sufren tantos? El control del dolor no ha mejorado mucho a pesar de una mejor educación; saber qué hacer no siempre quiere decir hacerlo bien. C. Stratton Hill, M.D., escribe en un editorial del *Journal of the American Medical Association* del 20 de diciembre de 1995: "Los cambios significativos referentes al control del dolor podrían depender de dar poder a los pacientes para exigir un tratamiento adecuado para el dolor". Una meta de este libro es ayudar a los lectores a saber qué esperar y que pedir. Exija el control adecuado para el dolor. No se sienta satisfecho con nada menor a eso. La vida es demasiado importante como para sufrir innecesariamente.

Actitudes y conocimiento

Nuestras actitudes hacia el dolor y nuestro conocimiento sobre cómo controlarlo tienen un gran efecto en nuestros

---

[6] Asociación Americana de Oncología Clínica (Nota de la Trad.).

esfuerzos por el control del dolor. Esto es cierto para los médicos, las enfermeras, los farmaceutas y los trabajadores sociales, al igual que para la gente con cáncer y los miembros de su familia o amigos.

Actitudes

Una actitud es un marco mental basado en un grupo de creencias. Lo que aceptamos como cierto sobre el dolor y el cáncer proviene de lo que hemos sentido o visto en nuestras vidas. Si usted ve que la mayoría de las personas con cáncer sufren dolor, entonces usted creerá que éste es un efecto inevitable del cáncer. Si esta es su creencia, será menos probable que piense que el control del dolor es posible y, por lo tanto, será menos probable que pida un mejor alivio al dolor. La creencia de que el dolor siempre acompaña al cáncer es un impedimento para el buen control del dolor.

Las ideas equivocadas sobre los medicamentos usados para el control del dolor también afectan la habilidad de los profesionales de la salud para ayudar a una persona adolorida. El miedo a las adicciones evita que mucha gente use medicinas como la codeína y la morfina. Algunos creen que estas medicinas perderán su habilidad para controlar el dolor si se usan "demasiado", así que las guardan para después, cuando el dolor sea "realmente fuerte". Tales mitos obstaculizan el buen alivio del dolor. El Capítulo 8 explica la verdad sobre la adicción y la tolerancia y su relación con los medicamentos para aliviar el dolor.

Conocimiento

Muchos médicos, enfermeras y farmaceutas, al igual que otros profesionales de la salud tienen habilidades nuevas que permiten el buen tratamiento del dolor producido por el cáncer. Pero otros, siguen manejando las ideas y creencias anticuadas. Algunos médicos y enfermeras tienen muy pocos estudios en el manejo del dolor relacionado con el cáncer. Tal vez no estén al tanto de información y estándares nuevos que guían el control del dolor generado por el cáncer. Aún algunos que están al tanto de la información nueva no cambian sus prácticas cuando se trata de aliviar el dolor.

Para las personas que sufren dolor provocado por el cáncer, algunas de las claves básicas para controlarlo podrían parecer extrañas al principio. Por ejemplo, la mayoría de nosotros tomará un analgésico cuando nos duele algo. Pero tomar medicamentos para el dolor según un horario fijo, aun cuando no nos duela nada, es una idea nueva, aunque es vital para el buen control del dolor. Las creencias sostenidas por mucho tiempo a menudo se interponen al buen alivio del dolor.

Hacerle preguntas al médico o a la enfermera no es sencillo para alguna gente. Muchos piensan que estos profesionales sabrán todo sobre el dolor sin que se les diga nada. Pero éstos podrían asumir que usted les hará saber cuando sienta dolor. Cuando ni el profesional de la salud ni la persona con dolor tocan el tema del dolor, tal vez éste nunca sea tratado adecuadamente.

Costo

El dolor puede ser costoso, hace que la gente pierda días de trabajo, y eso cuesta dinero. Faltar al trabajo podría ser causa de que algunas personas pierdan su seguro social o, todavía peor, su empleo. La mayoría de nosotros se esforzará mucho por estar libre de dolor. Esto podría significar gastar dinero —en algunos casos mucho dinero. El costo de los analgésicos orales, generalmente el tratamiento más común y efectivo, a menudo se acerca a los

$ 100 dólares al mes. Otros métodos son más costosos. El costo del control del dolor puede ser más elevado de lo que uno puede pagar. Dependiendo de si una persona tiene seguro médico y de lo que éste cubra o no. De hecho, muchos seguros médicos, incluyendo a Medicare, no cubren el costo de las medicinas por prescripción, excepto el de aquellas que se utilizan durante el tiempo que se permanece internado en un hospital o las administradas en las visitas al consultorio médico.

El dolor es un gran negocio. En cierto sentido esto es bueno, ya que se le presta más atención al control del dolor. Que más personas se involucren en el control del dolor significa que hay más información, más avances y más acceso a éstos. La buena atención a los pacientes con cáncer y el buen control del dolor se puede encontrar en las ciudades, en los pueblos y hasta en las comunidades rurales.

Uno de los problemas del "negocio del dolor" es que los nuevos procedimientos y productos pueden ser extremadamente costosos. Por ejemplo, algunas empresas diseñan máquinas utilizadas para suministrar medicamentos para el control del dolor. El costo de la máquina, la enfermera, el farmaceuta, o médico que monitorea o asiste en su uso, y los aditamentos para manejarla pueden costar entre dos y cinco mil dólares al mes. Algunos de estos métodos de "alta tecnología" son cubiertos por ciertas pólizas de seguros. Lamentablemente, en ocasiones, los nuevos aparatos y técnicas se convierten casi en una rutina antes de que se pruebe si son o no mejores que los métodos de control del dolor más antiguos, sencillos y baratos.

Leyes y regulaciones

Algunos legisladores creen que los medicamentos legalmente prescritos a menudo terminan en manos de otras personas. Este "desvío" de las medicinas por prescripción para su uso ilegal es, de acuerdo a ellos, una gran parte del problema de drogas de Estados Unidos. Los expertos en dolor no están de acuerdo. En su lugar, creen que las leyes y regulaciones que protegen contra el desvío limitan el acceso a estas medicinas a las personas que realmente las necesitan.

La mayoría de las leyes y regulaciones que cubren a los medicamentos para el dolor más potentes son establecidas por los estados y varían de uno al otro. Las leyes estatales gobiernan cuántas píldoras puede recetar el médico en cada prescripción y cuántas prescripciones por analgésicos opiáceos puede recetar el médico al mes. Las regulaciones evitan que algunos médicos prescriban estos medicamentos. Las regulaciones estatales guían la manera en las que son almacenadas estas medicinas en las farmacias locales, y hasta si éstas pueden venderlas.

Este libro hablará de éstos y muchos otros temas que afectan al dolor relacionado por el cáncer y su tratamiento —y ayudará a las personas con cáncer y a sus familias y amigos a tomar el control del dolor producido por el cáncer.

1

El cáncer y el dolor

Puntos clave

- La buena atención al cáncer incluye el atender al dolor.
- El mejor tratamiento para el dolor es aquel que toma en cuenta la causa del dolor.
- El dolor puede ser directamente ocasionado por el cáncer de muchas maneras.
- El dolor puede ser ocasionado por el tratamiento del cáncer.
- El dolor puede ser el efecto secundario del tratamiento del cáncer.
- Sin importar la causa del dolor, éste puede ser aliviado.

La International Association for the Study of Pain[7] define al dolor como a "una experiencia sensorial y emocional desagradable asociada con el daño real o potencial de tejidos o descrito en términos de tal daño".

El dolor que padecen las personas con cáncer puede ser causado por uno o muchos problemas. El dolor puede presentarse cuando un tumor presiona nervios u

---

[7] Asociación Internacional para el Estudio del Dolor (Nota de la Trad.).

órganos. La "exploración e irritación" que tienen lugar cuando se está diagnosticando un cáncer pueden ser incómodas y, en ocasiones, dolorosas. El tratamiento del cáncer —cirugía, el tratamiento en sí, y los efectos colaterales de dicho procedimiento— puede ser doloroso. El dolor puede ser síntoma de infecciones que se presentan como resultado del cáncer o del tratamiento del mismo. Finalmente, el proceso del cáncer puede ocasionar otros problemas que producen dolor.

Los expertos en dolor dividen a éste en dos tipos principales, definidos por la causa del dolor y cómo llega al cerebro la sensación del mismo. El dolor *nociceptivo* es causado por el daño en los tejidos. El dolor *neuropático* se presenta cuando los nervios mismos son afectados o dañados. El dolor nociceptivo y el neuropático afectan a las personas de maneras distintas y es manejado de formas diferentes.

El dolor nociceptivo a menudo es fácil de describir y localizar. La mayoría de la gente lo describe utilizando palabras como "agudo", "molestia", "punzante" o "presión". Es común que las personas con dolor neuropático utilicen palabras tales como "agudo", "penetrante", "abrasador", "tirante", "limitante", "entumecimiento", "pleno" o "pesado" para describir su dolor. En ocasiones, los individuos con dolor neuropático tienen áreas de extrema sensibilidad en partes específicas de su cuerpo.

Problemas relacionados con el cáncer que causan dolor

El dolor nociceptivo se presenta cuando el cáncer se extiende a los huesos, músculos, órganos y articulaciones. El cáncer puede extenderse simplemente haciéndose más grande en su área original o "primaria". O, las células cancerígenas pueden separarse del tumor primario y entrar en el torrente sanguíneo o el sistema linfático y llegar a otras áreas del cuerpo en lo que se llama *metástasis*. El dolor a menudo es un síntoma del bloqueo de un órgano o sistema corporal, como por ejemplo un colon bloqueado (intestino grueso), intestino delgado, u otras partes del sistema digestivo, tales como los conductos biliares, el hígado o la vesícula. El dolor también podría ser señal de una obstrucción en la tráquea, o en los bronquios, el pasaje principal de la tráquea a los pulmones. Cuando los vasos sanguíneos o linfáticos son bloqueados por un tumor, el dolor se presenta como resultado de la hinchazón (edema).

Dolor en los huesos

La causa más común de dolor en las personas con cáncer es la enfermedad ósea metastásica, causada cuando el cáncer se extiende al hueso. Por lo general, el blanco de la enfermedad metastásica son los huesos largos, como los de la parte superior de brazos y piernas, y huesos mayores, como los de la pelvis, caderas y columna (vértebras). Aun así, en ocasiones un tumor se extiende a las costillas, el hombro, el omóplato, la clavícula (hueso del cuello), el esternón (hueso del pecho) y el cráneo.

Las células cancerígenas en estos lugares hacen que el cuerpo inicie un proceso —una reacción a la invasión de las células cancerígenas— que ocasiona que se sienta dolor. El dolor puede ser sentido en el lugar en el que el cáncer se ha extendido al hueso. El dolor también puede ser "reflejado" a un área distante del cuerpo, lo que significa que podría sentirse en una parte del cuerpo que parezca estar alejada del área en la que se encuentran las células cancerígenas. Por ejemplo, las personas cuyo cáncer se ha extendido a la cadera, podrían sentir dolor en la rodilla. Aquellos con cáncer que se extiende a la parte inferior de la columna podrían sentir un dolor que parece bajar por ambas piernas. El dolor reflejo es el resultado del trayecto natural de los nervios del cuerpo. De hecho, la gente puede sentir dolor en varios lugares al mismo tiempo.

Dolor en los nervios

El dolor neuropático se presenta cuando los nervios son dañados. Esto puede ser el resultado de un tumor que presiona o invade un nervio, un grupo de nervios o la espina dorsal. En la *plexopatía*, el dolor es producido cuando un tumor presiona a un grupo de nervios llamados *plexo*. El más común de éstos involucra a los nervios alrededor del cuello, el brazo y la espalda inferior. El dolor proveniente del plexo en el área del cuello (*plexo cervical*) a menudo es descrito como un dolor que se extiende o irradia al cuello y a la parte inferior del cráneo. El dolor proveniente de otro plexo en el área del cuello (*plexo braquial*) es encontrado más a menudo en personas con cáncer de senos, de pulmón y linfoma, un cáncer que involucra a las células linfáticas. También puede ser ocasionado por un tumor metastásico. La mayoría de las personas con tumores que incluyen el plexo branquial experimentan este tipo de dolor. Dependiendo de la manera en la que el plexo esté involucrado en el cáncer, este tipo de dolor puede comenzar en el hombro y sentirse como un dolor agudo o una descarga eléctrica en los dedos pulgar e índice. O, el dolor puede iniciarse en el hombro y bajar hasta el codo, brazo y antebrazo, alcanzando los dedos anular y meñique.

Dolor ocasionado por la presión de los tumores

La presión en la columna ocasionada por un tumor primario o metastásico puede causar tanto dolor como grados cada vez mayores de insensibilidad y parálisis. Esto se llama *compresión de la médula espinal* y es tratado como emergencia. El dolor, hasta el leve, puede ser la primera señal de este problema. Por lo general, el dolor aumentará lentamente durante un periodo de algunas semanas hasta que aparezcan las señales de la parálisis. Otras señales de compresión de la médula espinal incluyen cambios en las funciones intestinales o urinarias (constipación, incontinencia urinaria o intestinal). La compresión de la médula espinal es común en personas con cáncer de senos, próstata o pulmón. El mieloma múltiple (un cáncer de las células plasmáticas), cáncer de células renales (riñón), y melanoma (una forma de cáncer de piel) a menudo están conectados a la compresión de la médula espinal. El dolor se ubica a lo largo de la espina dorsal. Si los nervios están comprometidos, el dolor podría ser descrito como "agudo" y "penetrante".

Para la mayoría de la gente, la compresión de la médula espinal se diagnostica con una simple placa de rayos X de la columna. Cuando el dolor es evaluado y el tratamiento se inicia en las primeras etapas, se puede prevenir la invalidez. La compresión de la médula se trata con esteroides (para disminuir la hinchazón alrededor de la médula espinal), terapia de radiaciones y, con menos frecuencia, con la cirugía. Es necesario el control del dolor sin importar la forma de tratamiento, pero los requerimientos para los analgésicos disminuirán si el tratamiento es exitoso.

Dolor relacionado con el tratamiento del cáncer

Cuando es posible, el mejor tratamiento para el dolor directamente causado por un tumor incluye el tratamiento del cáncer. La cirugía puede ser una opción para aliviar la presión en los casos en los que el tumor puede ser reducido en tamaño o extirpado. La radiación y la quimioterapia también se utilizan para reducir el tamaño de un tumor y aliviar la obstrucción. El control del dolor hasta que éste haya desaparecido será una parte importante del tratamiento del cáncer. Si tratar el cáncer no es una opción, los medicamentos para aliviar el dolor tendrán un papel muy importante para mantener al paciente cómodo.

Muchos de los métodos para el tratamiento del cáncer que se utilizan en el presente pueden causar dolor. Los efectos colaterales o a largo plazo del tratamiento también pueden resultar en varios tipos de dolor.

Cirugía

El tratamiento contra el cáncer que tiene más probabilidades de causar dolor es la cirugía. El dolor ocasionado por una operación generalmente pasa cuando sana la incisión, pero éste no siempre es el caso. En ocasiones, las cicatrices internas dejadas por la cirugía pueden interferir con la función de los nervios causando dolor. Un raro problema de dolor llamado *distrofia simpática refleja* ocurre en algunas personas que han sido sometidas a cirugía por cáncer de pulmón. Los vasos sanguíneos que proveen de sangre a los nervios quedan afectados, causando frío en el brazo, mano, pierna o pie afectado; la palidez o "blanqueamiento" cuando el área es presionada, y el dolor es severo cuando la piel es apenas tocada. En los casos serios, la extremidad afectada no funciona en lo absoluto. La Tabla 1 enumera algunos de los tipos de cirugía con signos y síntomas de dolor relacionados.

Los problemas de dolor que se presentan después de la cirugía son de dos tipos. Primero, está el dolor proveniente de la incisión y de la cirugía misma. Este dolor "agudo" es bastante sencillo de manejar, y la mayoría de la gente sabe que éste no durará. El dolor agudo que proviene de la cirugía es manejado con opiáceos fuertes —los mismos medicamentos utilizados para manejar el dolor crónico y el relacionado con el cáncer. El dolor agudo menos severo puede ser controlado con medicamentos tales como el acetaminofén (por ejemplo el Tylenol), el ibuprofén (por ejemplo el Advil) y opiáceos más suaves como la codeína. *La analgesia controlada por el paciente (ACP)*, un sistema que permite que el paciente controle su propia medicina para el dolor, es muy útil para las personas que se recuperan de la cirugía, de hecho, la ACP fue utilizada para pacientes de cirugía mucho antes de que se conociera su valor para tratar al dolor producido por el cáncer. (Para más información sobre la analgesia controlada por el paciente vea el Capítulo 4.)

El dolor causado por los efectos a largo plazo de la cirugía no es sencillo de manejar. El éxito del control del dolor en este caso depende del saber si el dolor es causado por el daño de los nervios o por otros cambios corporales ocasionados por la cirugía. La Tabla 1 en la página 34 enumera las operaciones de cáncer comunes y los problemas de dolor a largo plazo (crónicos) relacionados a éstas.

Quimioterapia

A muchas personas no les molestan las agujas utilizadas para suministrar la quimioterapia, mientras que otras no pueden tolerar el dolor de varios "pinchazos" cuando se

Tabla 1: El dolor después de las operaciones de cáncer

Cirugía	Señales y síntomas
Disección radical de cuello (para cánceres de la cabeza y cuello).	Sensación tirante, abrasadora, en el cuello. Insensibilidad o sensación de punzadas en el cuello.
Mastectomía (para el cáncer de senos).	Dolor tirante, constreñido, quemante en la parte trasera del brazo, la axila y sobre el pecho; el dolor empeora cuando se mueve el brazo. Hinchazón del brazo (linfedema) que se presenta aún después de una lumpectomía, cuando los ganglios linfáticos de la axila están dañados.
Toracotomía (para el cáncer de pulmón).	Dolor en la cicatriz Pérdida de sensibilidad alrededor de la cicatriz Sensibilidad extrema en ciertos puntos a lo largo de la cicatriz Se puede desarrollar distrofia simpática refleja
Nefrectomía (la extirpación de un riñón).	Insensibilidad, llenura o pesadez en el costado frente del abdomen e ingle.
Amputación de una pierna o brazo.	Dolor en la extremidad fantasma (a menudo sucede cuando había dolor en el área antes de la amputación). Se puede presentar dolor en el muñón en la cicatriz varios meses o años después de la cirugía. Sensación abrasadora que empeora con el movimiento.

(Adaptado de la Agency for Health Care Policy and Research.[8] Guía de práctica clínica nº 9. *Management of Cancer Pain.* Rockville, Md.: Departamento de Salud y Servicios Humanos de Estados Unidos, marzo de 1994.)

---

[8] Agencia para las Políticas de Cuidado a la Salud y la Investigación (Nota de la Trad.).

inicia el suministro intravenoso. Para las personas que recibirán varios ciclos de quimioterapia, tal vez en el lapso de algunos meses, ciertos médicos y enfermeras recomiendan la inserción de un *dispositivo de acceso vascular*. Estos dispositivos varían en forma, tamaño y función. Algunos son tubos o catéteres especiales, que se insertan a través de la piel y se canalizan justo debajo de ésta para llegar a un vaso sanguíneo mayor. Otro dispositivo para el acceso vascular, llamado *puerto*, es un contenedor muy pequeño unido a un catéter largo (vea la Figura 1). El puerto es colocado debajo de la piel en una cirugía menor, generalmente practicada sin necesidad de que el paciente sea internado. El tubo se encuentra unido al puerto en un extremo, el otro es insertado en una de las grandes venas que llegan al corazón, a través de un vaso sanguíneo.

Con el puerto en su lugar, todo lo que hace falta para tener acceso a una vena a fin de suministrar la quimioterapia es un pinchazo que, a la mayoría de la gente, sólo le causa una pequeña molestia. Los puertos también se utili-

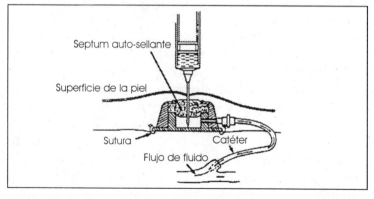

Figura 1: Un dispositivo de puerto de acceso implantado. Una aguja insertada a través de la piel está anexada a una jeringa o a una línea intravenosa. Los medicamentos y fluidos pueden ser suministrados a través del puerto. (Reimpreso con el permiso de Winters, V. Implantable vascular access devices. *Oncology Nursing Forum* 11(6): 25-30, 1984.)

zan a fin de sacar sangre para los numerosos análisis de sangre que necesitan la mayoría de los pacientes con cáncer. La colocación de un puente es algo de lo que todos aquellos que estén a punto de iniciar una quimioterapia deberían hablar con su médico o enfermera.

Los efectos colaterales más comunes de la quimioterapia son la náusea y el vómito. Mientras que algunas personas podrían no pensar en ello como un verdadero dolor, la náusea y el vómito son, con toda seguridad, una experiencia desagradable tanto sensorial como emocionalmente y, como tales, caen en la categoría más amplia de la definición del dolor. Ahora existen maneras efectivas de disminuir, o hasta detener, las náuseas y los vómitos. Estos métodos deben ser discutidos con el médico y la enfermera antes de que se inicie el tratamiento de quimioterapia. Medicamentos tales como el Kytril, el Zofran, el Compazine y el Reglan son algunas de las medicinas anti-náuseas disponibles.

Hay otros síndromes de dolor ocasionados por los efectos colaterales de la quimioterapia. Algunas drogas utilizadas en la quimioterapia, llamadas *vesicantes*, son muy dañinas para los tejidos. Durante la quimioterapia, parte de la medicina puede gotear fuera de la vena. Esto se llama *extravasación*. El daño producido a los tejidos por la extravasación puede ser leve, o puede ser severo y muy doloroso. En los casos severos, se inician los cuidados de la herida y hasta podría requerirse de una cirugía plástica. La extravasación se presenta menos a menudo cuando la enfermera o el médico suministrando la quimioterapia tiene experiencia y buenas habilidades para administrar estos medicamentos. El riesgo de la extravasación ha disminuido con el uso de catéteres intravenosos especiales y dispositivos de acceso. La enfermera o el médico también pueden reducir las posibilidades de la extravasación, o al menos disminuir las incidencias de un daño severo a los tejidos, al pedirle al paciente que mencione cualquier sensación de ardor o dolor mientras se suministra la quimioterapia. Si se sospecha extravasación, se pueden iniciar ciertas técnicas en ese momento para evitar más daño en los tejidos. Pregunte si la quimioterapia suministrada es vesicante; si lo es, averigüe qué puede hacer para reducir las posibilidades de extravasación.

Otro efecto colateral común de la quimioterapia es el desarrollo de llagas dentro de la boca, la cubierta de la garganta y la cubierta de los intestinos. Las llagas de la boca y garganta se llaman "estomatitis". Estas llagas pueden ser dolorosas y dificultar mucho el comer y el tragar líquidos. Estas llagas también son fuente de peligro para las personas con cáncer por dos grandes motivos: primero, cuando el dolor interfiere con la comida y la bebida, la persona podría no consumir los alimentos y el agua suficientes; segundo, las llagas abiertas permiten que los gérmenes entren en el cuerpo y causen infecciones.

La estomatitis es tratada con medicamentos que cubren y protegen las llagas. Un líquido o jarabe espeso que contiene un anestésico —algo muy parecido a lo que usa un dentista para adormecer una parte de la boca antes de trabajar en un diente— puede utilizarse para cubrir la boca antes de las comidas y a fin de que tragar sea menos difícil. Estas mezclas también pueden contener antibióticos que ayuden a combatir los gérmenes que son fuente de infecciones.

Algunos tipos de quimioterapia causan llagas en la cubierta de los intestinos, condición llamada mucositis, que son similares a las que se forman dentro de la boca. Estas llagas pueden hacer que la persona se sienta inflamada y que tenga retortijones y diarrea. La diarrea puede causar la pérdida de importantes fluidos y nutrientes. Los retortijones y el sentimiento de inflamación y la diarrea contribuyen a la pérdida del apetito que es común en la gente con cáncer. Si se desarrollan estos síntomas, es importante que se les informe tanto al médico que prescribe la quimioterapia como a la enfermera que la administra. (Por supuesto, ellos deben preguntar, pero en ocasiones lo olvidan.) Hay medicamentos que pueden aliviar los retortijones, los gases y la diarrea. Si los síntomas son severos, la quimioterapia se podría cambiar (modificarse el tipo, o reducir la dosis) a fin de que estos efectos colaterales no se conviertan en problemas importantes.

Algunas medicinas utilizadas en la quimioterapia causan *neuropatía periférica*, condición en la que los nervios que envían sensaciones desde las manos, dedos, pies y dedos de los pies son dañados. El daño causa cosquilleo, insensibilidad, dolor y, en ocasiones, la pérdida de la función en las manos, los dedos, los pies y los dedos de los pies. Los medicamentos que tienen más posibilidades de causar este tipo de daño son: Vincristine, Vinblastine, Cisplatin y Taxol, particularmente cuando se utilizan en dosis altas y por un periodo largo de tiempo. En el presente, no hay manera de prevenir la neuropatía periférica. Es importante informar al médico o enfermera si se presentan estos síntomas a fin de que se pueda ajustar la terapia.

Radioterapia

Aparte de la incomodidad de yacer sobre una camilla dura, los tratamientos de radioterapia no causan dolor. Sin embargo, algunos de los efectos colaterales de la radiación a corto y largo plazo pueden ser dolorosos.

La radiación funciona dañando las células cancerosas. Aun cuando se intenta proteger al tejido normal (como la piel y el interior de la boca), la radiación daña tanto a las células normales como a las cancerosas. Las células normales tienen la habilidad de repararse a sí mismas, el daño

no es permanente. Las células cancerosas no poseen la habilidad de repararse a sí mismas y mueren como resultado
del daño producido por la radiación. En general, es el daño
a las células y tejidos normales lo que causa los efectos
colaterales incómodos y dolorosos de la radioterapia.

Las diferentes clases de tejidos de nuestros cuerpos
varían en la manera en la que responden a la radiación.
Algunos tejidos —como la membrana mucosa que cubre
la boca, la cubierta de la tráquea y la cubierta de los intestinos— son fácil y rápidamente afectados. La reacción a la
radiación de estos tejidos puede oscilar entre la resequedad
a las llagas abiertas. La piel también reacciona en grados
variados, de algo que se ve (y se siente) como una quemadura ocasionada por el sol a la resequedad y pelado de la
piel que puede hacer que se formen llagas. Estas llagas
son, en sí mismas, una fuente de dolor y ponen a la persona
en un alto riesgo de contraer infecciones. Un buen programa de cuidado de la piel puede reducir las posibilidades
de tener estas reacciones. La enfermera o médico de radioterapia puede ofrecer consejos para el cuidado de la piel.
La mayoría de los planes de cuidado de la piel incluyen el
uso de lociones o cremas especiales. En algunos centros de
tratamiento, se utiliza el gel de aloe vera para proteger la
piel. Si se presentaran problemas de piel, el médico o enfermera debe dar instrucciones para su cuidado.

La radiación afectará sólo las partes del cuerpo que
se encuentren dentro del *área de tratamiento* —las partes
que sean el blanco del rayo de radiación. Además, no
todos desarrollarán efectos colaterales severos. Por ejemplo, cuando se trata el pecho después de una cirugía de
cáncer pulmonar, las partes del cuerpo que *podrían* desarrollar efectos colaterales incluyen la piel, el tejido pulmonar que se encuentre expuesto a la radiación, la tráquea
y los bronquios que estén expuestos y, en algunas personas, la parte baja del cuello. Muchos también desarro-

llarán una irritación de garganta y tendrán problemas para tragar. Las personas que se someten a radioterapia después de una cirugía de cáncer de colon o rectal podrían desarrollar diarrea y llagas en la piel como resultado del daño a la piel y a la porción restante de intestino o recto.

Un raro síndrome de dolor asociado con la radiación y la cirugía se presenta cuando se forma tejido cicatrizado o fibroso alrededor de un grupo de nervios (un *plexo*) interfiriendo con su función. El resultado es el mismo que el de los síndromes de dolor del plexo (plexopatías) descritos antes y que son causados por un tumor (vea las páginas 29-32. Los expertos dicen que los síndromes de dolor del plexo causados por la radiación son menos severos que los causados por un tumor. Un plexo *branquial* está ubicado en cada uno de los dos lados de la parte inferior del cuello y controla las sensaciones de la mano, brazo costillas superiores y hombro. Cuando la cirugía o la radioterapia involucra esta área, el tejido de cicatrización rígido puede presionar a este grupo de nervios. Este tipo neuropático de dolor puede ser bastante severo y difícil, pero no imposible, de manejar. Un esfuerzo combinado de varios profesionales de la salud, que involucre una combinación de medicamentos, diferentes maneras de tomar las medicinas y varias técnicas de cuidado personal, ofrece las mejores posibilidades de éxito en estos casos complejos.

Otras causas de dolor

Fatiga

En adición a los efectos colaterales directos del cáncer y su tratamiento, hay otras causas de dolor que se relacionan con el cáncer y el tratamiento de éste. La fatiga es un efecto colateral común del cáncer y de su tratamiento. Esta puede limitar la habilidad de la persona para moverse de un lado al otro —de caminar o hasta de desplazarse.

Llagas por contacto

Las llagas por contacto, o úlceras por presión, se desarrollan cuando una persona permanece en una posición por demasiado tiempo. Las capas superiores de la piel son desgastadas, y los vasos sanguíneos entre el hueso y la superficie de la piel se cierran, o se arrugan. Cuando sucede lo anterior, la sangre no puede pasar para proveer a la piel y al tejido de oxígeno. La piel y otros tejidos mueren. Cuando la piel se daña, los nervios quedan expuestos y se presenta el dolor. Aparte del dolor, estas llagas abiertas ofrecen a los gérmenes un punto de entrada al cuerpo y causan infecciones. Prevenir las llagas por contacto es de gran importancia, ya que son dolorosas y difíciles de sanar. Cuidar una llaga por contacto involucra el alivio de la presión y mantener limpia la herida. El dolor puede ser tratado con medicamentos y manteniendo la úlcera —y terminaciones nerviosas expuestas— cubierta con vendas especiales. Una enfermera experta en el cuidado de heridas puede ser una buena fuente de consejos y ayuda para las personas y las familias que se enfrentan a las llagas por contacto.

Inmovilidad y neumonía

La falta de movimiento, o la inmovilidad, disminuyen la habilidad de una persona para expandir totalmente los pulmones cuando respira. La fatiga y la inmovilidad pueden dificultar la habilidad de la persona para toser. Y, cuando los pulmones no se expanden del todo y la habilidad de toser disminuye, las secreciones mucosas o *flemas*, se almacenan en los pulmones y permiten que se desarro-

llen los gérmenes. De esta manera se desarrolla la neumonía. Beber el agua suficiente y otros fluidos ayuda a mantener las flemas poco espesas, y toser puede ayudar a
librarse de éstas. Toser, y los ejercicios de respiración profunda, pueden ayudar a liberar a los pulmones de las flemas. Otras maneras de ejercitar los pulmones incluyen el
inflar un globo o utilizar un *espirómetro incentivo* con regularidad (por ejemplo, una vez por hora). La enfermera
o terapeuta respiratorio puede sugerir maneras de expandir los pulmones y evitar la neumonía.

Estreñimiento

El estreñimiento es una causa común de dolor. Puede ser
causada por varios factores, incluyendo el bajo consumo
de líquidos, ciertos medicamentos, cambios en la dieta,
inactividad, cirugía y la presión ejercida directamente sobre el colon por un tumor. Para algunas personas, el estreñimiento podría parecer un problema menor y levemente
embarazoso pero, para otras, el dolor causado por la constipación es serio.

La causa más importante del estreñimiento es la dieta.
La falta de fluidos y fibras en la dieta es un problema fre-
cuente para las personas con cáncer. La inmovilidad aumenta los problemas que generan estreñimiento. La constipación
es el efecto colateral más común de los opiáceos (como la
codeína y la morfina), los medicamentos más efectivos
para el alivio del dolor. También es un efecto colateral de
otros medicamentos, tales como los utilizados para tratar la depresión, la presión alta, la retención de líquidos
y los problemas cardiacos.

Las señales de estreñimiento incluyen la molestia o
el dolor en el área del estómago, sensación de distensión
o llenura, náusea y hasta diarrea. Un examen rectal rea-
lizado por el médico o la enfermera podría revelar un bolo

fecal duro y seco. Las hemorroides (a veces llamadas almorranas) pueden agravarse cuando la persona hace un esfuerzo por mover el intestino o lograr que salga el excremento. En los casos severos, el estreñimiento puede ser peligroso, causando rasgaduras en el intestino y el recto.

Los expertos exigen que un programa de prevención del estreñimiento forme parte de cualquier programa para el control del dolor. Los consejos anti-estreñimiento comunes incluyen cuatro puntos principales:

1. Líquidos: beber ocho vasos de agua (alrededor de dos litros) por día. Beber un baso pequeño de líquido al levantarse en la mañana, con cada comida y entre comidas. *No* se debe sustituir el agua con café, té o bebidas carbonatadas (o refresco), ni con jugo de toronja; estos fluidos podrían incrementar la producción de orina y, de hecho, disminuir el líquido corporal.

2. Fibras: comer al menos entre seis y diez gramos de fibra al día. Dos cucharadas de salvado de trigo contienen casi seis gramos de fibras. Las buenas fuentes de fibras incluyen los frijoles, el brócoli, las pasitas, los camotes y algunas frutas y bayas (vea la Tabla 2). Las fibras ayudan al cuerpo a retener el agua y resultan en excrementos más suaves y voluminosos. Los excrementos voluminosos ayudan a estimular el movimiento intestinal.

3. Ejercicio: intentar aumentar la actividad, aunque sea si se trata de sólo una caminata de treinta minutos al día. El ejercicio regular estimula el intestino.

4. Una rutina regular para ir al baño: para muchas personas, la urgencia más fuerte a mover el intestino se presenta después del desayuno. Ir al baño, o simplemente sentarse en la cómoda por un rato en este momento, puede ser útil para adquirir una rutina regular para mover el intestino.

Tabla 2: Contenido de fibras dietéticas de alimentos seleccionados

Alimento	Cantidad	Fibras (gramos)
Harina, integral (100%)	1 taza	11.9 g
Habichuelas	1 taza	9.7 g
Frambuesas, rojas, crudas	1 taza	9.2 g
Frijoles, rojos, cocidos	1 taza	8.4 g
All Bran o salvado 100%	1 taza	8.4 g
Calabaza, invierno, cocida	1 taza	7 g
Zarzamoras	1 taza	6.7 g
Espinaca, cocida	1 taza	6.5 g
Trigo partido	2 galletas	5.6 g
Mango	1 mediano	5.8 g
Harina, avena, integral	1 taza	5.0 g
Elote, dulce, cocido	1 taza	4.7 g
Camotes, dulces, asados	1 mediano	4.2 g
Brócoli	1 taza	3.5 g
Fresas, crudas	1 taza	3.1 g
Cacahuates, frescos o tostados	1 onza	2.7 g
Chabacanos	3 medianos	2.6 g
Ciruelas	2 medianas	2.4 g
Arándanos	1 taza	1.9 g
Nectarinas	1 mediana	1.8 g
Nueces	1 onza	1.5 g

(Fuente: Canty, S. L. Constipation as a side effect of opioids. *Oncology Nursing Forum* 21 (4): 739-743, 1994.)

Los laxantes y los ablandadores de excremento pueden ayudar a reducir los problemas de estreñimiento (vea la Tabla 3). Los laxantes inducen el movimiento intestinal de tres maneras: (1) causan que el líquido sea retenido en el colon, (2) disminuyen la absorción de agua en el colon, y (3) aumentan el movimiento del intestino (peristalsis) que empuja el excremento hacia el recto y fuera del cuerpo.

Muchos expertos también recomiendan el uso laxantes conteniendo sena para evitar el estreñimiento que resulta de tomar medicamentos opiáceos para el dolor. Una tableta de sena tomada dos veces al día es una buena dosis de inicio. La dosis puede ajustarse, disminuyéndola o aumentándola, hasta que se presenten los movimientos intestinales normales.

Tabla 3: Comparación de laxantes comunes

Tipo de laxante Nombre genérico	Nombre de marca	Tiempo de acción	Cómo funciona	Comentarios
Salino Sal de Epson, leche de magnesia, citrato de magnesio.	Fleets, GoLytely	30 minutos a 3 horas	Retiene el agua en el colon y estimula la acción intestinal.	Pueden afectar los líquidos y el equilibrio electrolítico y no debe utilizarse rutinariamente.
Irritante/ Estimulante Cáscara, sena, fenolftaleína, bisacodil o aceite de ricino.	Ex-Lax, Senoket, Agoral, Alophen, Dulcolax	6-10 horas	Estimula directamente la cubierta del colon.	El aceite de ricino podría ser la elección si se necesita el vaciado total del intestino.

Tabla 3: (continuación)

Tipo de laxante Nombre genérico	Nombre de marca	Tiempo de acción	Cómo funciona	Comentarios
Productor de volumen Metilcelulosa, Phylum, policarbofil.	Metamucil, Fibercon	12-24 horas (puede demorar hasta 72 horas).	Retiene agua en el excremento y aumenta su tamaño.	El laxante más seguro y más natural.
Lubricante Aceite mineral		6-8 horas	Retarda la pérdida de agua del excremento y lo ablanda.	Puede disminuir la absorción de algunas vitaminas.
Surfactantes	Docusate, Colace, Dialose, Senoket-S	24-72 horas	Mezcla las grasas con el agua para ablandar el excremento.	Util cuando las heces son duras o secas, o cuando el pasaje de heces firmes resulta doloroso.
Misceláneos Supositorios de glicerina Lactulosa	Fleet Constulose, Enulose, Lactulose	15-30 minutos. 24-48 horas.	Irrita el colon y causa la acción intestinal.	

(Fuente: Cantty, S. L. Constipation as a side effect of opioids. *Oncology Nursing Forum* 21 (4): 739-743, 1994.)

Prevenir el estreñimiento es un simple asunto de combinar la dieta, el ejercicio y un laxante suave en un programa intestinal. Se recomienda que cada persona hable con el médico o enfermera para determinar un buen programa contra la constipación.

Impacción

El estreñimiento severo que resulta en un colon bloqueado (obstruido) se llama *impacción*. La impacción a menudo es pasada por alto, especialmente en las personas mayores. En un reporte en el *New England Journal of Medicine*, casi la mitad de todas las personas de la tercera edad admitidas en una guardia de hospital tenían una impacción. La impacción puede ser diagnosticada con un simple examen rectal que encuentra excremento seco y duro en la parte inferior del intestino. En ocasiones, la impacción está más arriba en el intestino, y se requiere de rayos X para localizar el bloqueo.

Hay serios problemas asociado con la impacción, incluyendo la diarrea (dado que la mucosidad y las heces pueden rodear la impacción), rasgaduras de piel a causa de la diarrea, infecciones del tracto urinario, obstrucción total del intestino, y el pasaje directo de las bacterias del intestino a la vejiga urinaria. La impacción se trata removiendo el excremento seco y duro. Para hacerlo, una enfermera (o cuidador que haya aprendido cómo hacerlo) puede insertar uno o dos dedos enguantados y lubricados en el recto para deshacer y remover la impacción. Esto se completa con un enema o un supositorio de bisacodyl (Dulcolax) para vaciar totalmente el intestino. Un programa anti-estreñimiento regular se debe iniciar y continuar por tanto tiempo como se encuentren presentes los factores que puedan ocasionar estreñimiento.

Las personas y el dolor

El dolor significa cosas distintas para diferentes personas. La gente varía en la manera en la que piensa sobre el dolor. A su vez, lo que piensan las personas sobre el dolor puede afectar su manera de reaccionar a él. La manera en la cual una persona reacciona al dolor es una parte importante en la elaboración de un plan para controlarlo. Consideremos lo que significa dolor.

Algunas personas creen que el dolor es la manera que tiene Dios de castigarlas por pecados pasados o hasta por pensamientos pecaminosos. Mientras que probar la veracidad de esta creencia es imposible, ésta es común y difícil de combatir. Si una persona que sufre dolor cree que éste es merecido, podría no estar dispuesta a poner en práctica un plan de control del dolor. Las enfermeras y médicos que trabajan con personas que padecen dolor son testigos de que el dolor relacionado con el cáncer afecta tanto a la gente buena como a la mala. Los pecados reales o imaginarios parecen no tener nada que ver con quién tiene dolor y quién no. Si las creencias religiosas de una persona parecen tener algo que ver con el dolor, podría ser de utilidad hablar con un ministro, sacerdote o rabino, o con cualquier otro asesor religioso.

La cultura podría establecer la actitud de una persona ante el dolor. Algunas investigaciones sugieren que los individuos de diferentes grupos culturales piensan y reaccionan al dolor de maneras distintas. Las personas de algunos grupos son más expresivas sobre su dolor. Las personas de algunos grupos son más tendientes a exigir control del dolor. Y algunos grupos de personas se inclinan más a intentar soportar el dolor.

La edad y el sexo de una persona podrían afectar sus pensamientos sobre, y sus reacciones ante, éste. Se espera que los hombres y los niños de algunas culturas sean valientes y "aguanten" cuando se trata de dolor. Las mujeres y las personas mayores son más tendientes a admitir que sienten dolor y a estar dispuestas a describirlo. Por otra parte, las personas de la tercera edad son menos propensas a admitir que sufren de un dolor severo.

Para muchas personas, el dolor es una señal de que el cáncer se ha extendido o de que la enfermedad está empeorando. Aunque esto no siempre es cierto, si una persona con cáncer cree que este es el caso, puede comenzar a sentirse ansiosa o deprimirse. La ansiedad y la depresión deben tomarse en cuenta cuando se planea el control del dolor. Para muchos individuos, el tratamiento de la ansiedad y la depresión es una gran ayuda en su plan general de control del dolor.

Cómo afecta el dolor a la familia y a los amigos

Los miembros de la familia y los amigos de las personas con cáncer dicen que el dolor es uno de los aspectos más difíciles al enfrentarse al cáncer de un ser querido. Es muy difícil aceptar que alguien que queremos sufre dolor. Saber que alguien siente dolor, y sentirse impotente para aliviarlo, aumenta el estrés y la preocupación de tener un amigo o familiar con cáncer.

Algunos miembros de la familia y amigos reaccionan con cólera. O un sentimiento de impotencia podría ocasionar que eviten las visitas y los llamados telefónicos a la persona con cáncer. El enojo o la tristeza también pueden ocasionar problemas emocionales para los cuidadores y hacer que sean menos capaces de ofrecer ayuda. Los familiares o amigos bienintencionados podrían intentar ayudar, pero de hecho no tienen ni las habilidades ni el conocimiento para hacer lo adecuado.

Los familiares y amigos pueden tener una gran influencia en la manera en la que una persona expresa y maneja su dolor. Por ejemplo si los familiares y amigos creen que el dolor puede aliviarse, es mucho más probable que la persona que lo padece se establezca como meta el control del dolor.

Lo que pueden hacer para ayudar los familiares y amigos

Lo primero y más importante que pueden hacer los miembros de la familia y amigos para ayudar a alguien a manejar el dolor relacionado con el cáncer es darse cuenta de esto: *Las personas con dolor son las únicas que saben cuánto dolor tienen*. Si la gente que siente dolor piensa que no le creen, pueden sentirse molestas y dejar de reportar su dolor. Esto sólo hace que el dolor sea más difícil de controlar.

Los familiares y amigos pueden ser una de las claves al éxito o fracaso del plan de control del dolor. Los familiares y amigos involucrados en ayudar a la persona con dolor relacionado con el cáncer tienen que acordar cuál será su papel. A veces, la persona con cáncer prefiere "estar sola". Más a menudo, la persona con cáncer quiere que alguien la ayude y la guíe, que "intervenga" por ella. Tanto la persona con dolor como el cuidador deben tener claro qué es lo que se espera, se quiere y se necesita, en la manera de ayudar y apoyar. Las siguientes son algunas ideas de las cosas que pueden hacer los familiares y amigos para ayudar a una persona a manejar el dolor:

- Ofrecer salir a caminar con ella.
- Ayudar a la persona a iniciar y llevar un diario del dolor.
- Sugerir o preparar una ducha o baño tibio, una bolsa de agua caliente o calentar una toalla para ayudar a relajar los músculos y aliviar el dolor.

- Ofrecer paños fríos o hielo para aliviar el dolor, especialmente el que es generado por la hinchazón.
- Ayudar a acomodar mejor a la persona con almohadas y almohadones suaves.
- Masajear las partes doloridas, como el cuello y los hombros.
- Ayudar a la persona a evitar levantar pesos o hacer esfuerzos.
- Alentar a la persona a practicar ejercicios de respiración profunda.
- Ofrecer distracción con actividades placenteras.
- Ayudar a la persona a evitar los eventos estresantes.
- Alentar a la persona a esperar y exigir control del dolor.
- Vigilar los cambios en:
  - el nivel del dolor.
  - el tipo de dolor.
  - la respuesta al dolor, tal como el llorar o estar molesto por sentir dolor.
  - habilidad para levantarse o caminar.
  - hábitos de sueño.
  - apetito o hábitos alimenticios.
  - deseo de visitar a los amigos y familiares.

2

Describiendo el dolor

Puntos clave

- La persona con el dolor es la experta en su dolor y en el alivio del mismo.
- Es importante decirle al médico o a la enfermera tanto como sea posible sobre el dolor, el alivio del dolor, los efectos colaterales y otros problemas del control del dolor.
- El dolor severo puede ser aliviado.
- El dolor severo debe ser reportado de inmediato: no espere hasta su siguiente cita.
- Utilice escalas de medición, diarios, listas y otros métodos para describir el dolor y el alivio del mismo.
- Describa el dolor tan detalladamente como le sea posible.
- Hable de todo el dolor, no solamente de aquél que duele más.

Mary tiene cincuenta y cuatro años de edad y tiene cáncer de pulmón. La mayoría del tiempo no sufre de dolores. Cuando Mary trata de subir una escalera o de caminar rápido, el dolor es insoportable. Se detiene para descansar algunas veces cuando sube las escaleras a su recámara. Mary se despierta todas las noches con dolor severo. Cuando visitó al médico, éste le preguntó si sufría dolor. En ese momento ella no sentía dolor, así que respondió que no. No le contó al médico del dolor cuando sube escaleras o se despierta en la noche. Mary pensó que el dolor era parte de tener cáncer. Se imaginó que tenía que soportarlo. El médico no le hizo más preguntas al respecto, Mary volvió a casa, y el dolor continuó interfiriendo con su vida.

El personal de la salud solía pensar que todo el dolor era parecido. El dolor ocasionado por una cirugía, un hueso fracturado, la artritis y el cáncer era manejado de la misma manera. Ahora sabemos que el dolor relacionado con el cáncer es diferente y que aliviarlo no es igual que calmar otros tipos de dolor. El dolor relacionado con el cáncer puede estar presente todo el tiempo o puede presentarse sólo en ciertos momentos. La causa real del dolor podría o no ser conocida. El dolor relacionado con el cáncer es diferente para cada persona. Averiguar todo lo posible por boca del individuo que sufre el dolor ayuda al mejor manejo de éste.

La historia de Mary es común. Muchas personas no reportan el dolor y los médicos y enfermeras podrían olvidar preguntar. Describir el dolor no es algo sencillo. En ocasiones es difícil encontrar las palabras adecuadas; a veces la gente en realidad no escucha las palabras. Algunos idiomas ni siquiera tienen una palabra para "dolor". No hay análisis o exámenes que muestren el dolor o describan cómo se siente. El dolor puede cambiar minuto a minuto y día a día.

La descripción que hace una persona del dolor —dónde se localiza, cuándo comienza, qué ayuda a aliviarlo— es clave para comprender el dolor ocasionado por el cáncer. Sólo la persona que siente el dolor sabe exactamente cómo se siente. Si un individuo no describe su dolor y alivio del mismo al médico o enfermera con regularidad, el manejo del dolor relacionado con el cáncer probablemente fracasará. La persona con dolor es un socio importante en el alivio del mismo.

Evaluación del dolor

Los profesionales de la salud utilizan la palabra *evaluación* para describir las preguntas que formulan a fin de averiguar más sobre usted y su dolor. Puede esperar que su médico o enfermera le formule preguntas sobre su dolor y alivio del mismo en cada visita —si no lo hacen y usted está sufriendo dolor, *dígalo*. Describa cualquier cambio desde su última visita. Cuanto mejor describa el dolor, cómo afecta su vida y sus actividades y qué ayuda a aliviarlo, más sencillo será que otras personas lo ayuden a calmarlo.

Escriba la información sobre su dolor y sobre lo que ayuda a aliviarlo, y lleve esa información escrita cuando asista a una cita con su médico o clínica. Muchas personas se sienten inseguras sobre ofrecer información a los médicos y enfermeras; es todavía más difícil cuestionar los planes de atención. Como sicóloga clínica y sobreviviente del cáncer, Margaret Gosselin dice: "Estás enfermo, ya estás en desventaja. Ahora tienes que defenderte más de lo que nunca en tu vida te has defendido. ¡Hay mucho en juego! Esto es importante. ¡Es sobre vivir y la vida!"

Preguntas que se utilizan en una evaluación de dolor

Las personas expresan el dolor de maneras diferentes, algunas se quejan, otras se quedan quietas, unas intentan soportar el dolor sin demostrar que les duele, algunas fruncen el ceño, y aún otras se ven tristes. La manera en la que demostramos el dolor no siempre les comunica a los otros lo severo que es. Además, el dolor que dura mucho tiempo (dolor crónico) es diferente al que dura poco tiempo (dolor agudo). En el caso del segundo, el cuerpo reacciona con cambios en la presión sanguínea y cambios en el pulso. Con el dolor crónico, las reacciones del cuerpo cambian: la persona podría no parecer estar "sufriendo dolor" para nada. Sólo el individuo con dolor puede saber y decir cómo es éste.

La evaluación del dolor ayuda a describir el dolor y al alivio de éste de maneras que todos comprenden: usted, el médico, la enfermera y cualquier otra persona que esté involucrada en ayudarlo a manejar su dolor. La información es más sencilla de comprender si se utiliza la misma clase de evaluación en todos los casos. Las siguientes son algunas de las preguntas que componen una buena evaluación del dolor. Si su médico o enfermera no las formula, dígale qué le está sucediendo.

¿Cómo es su dolor? Describa cómo se siente. ¿Cuán fuerte es su dolor? ¿Se siente intenso? ¿Abrasador? ¿Punzante? ¿Debilitante? ¿Agudo? ¿Penetrante? ¿O se siente de alguna otra manera?
La siguiente lista incluye algunas de las palabras utilizadas para describir el dolor. Si éste se siente como algo que no se encuentra en la lista, utilice sus propias palabras. Asegúrese de decirle a los profesionales de la salud si utiliza una palabra diferente a "dolor" para describir lo que le está pasando. Muchas personas usan palabras como "molestia", "malestar", "incomodidad" y "sensibilidad" para describir al dolor, mismas que podrían no comunicar todo lo que usted quiere. Las palabras no-españolas podrían confundir a los médicos o enfermeras que no comprendan el idioma que se está utilizando.

Algunas palabras utilizadas para describir el dolor

Penetrante	Abrasador	Adolorido
Sordo	Calambre	Superficial
Tirante	Eléctrico	Agudo
Opresivo	Agudo	Punzante
Anudado	Presionante	Estrujante
Pulsante	Apagado	Piquetes
Intenso	Hiriente	Profundo
Tirante	Débil	Severo

Describir el dolor no es sencillo. Una de las mejores maneras de medir el dolor y el alivio del mismo es utilizar una *escala de medición*. Utilice la siguiente lista para escoger una escala que tenga sentido para usted y que le resulte sencilla de usar, y utilícela cada vez que se evalúe el dolor. Calificar el dolor utilizando una escala hace que a los demás les sea más fácil comprenderlo. Las calificaciones hacen que el dolor sea "visible".

Escalas para calificar el dolor y el alivio del dolor

1. Escala numérica
   Ejemplo:

   Escala del 0 al 10

   La persona califica el dolor a partir del cero (0), que significa nada de dolor, al diez (10), que significa el peor dolor posible. También se pueden utilizar escalas del "0 al 5" o del "0 al 100".

2. Escala de caritas

Ejemplo:
La persona señala la carita que describe mejor su dolor.

La escala de calificación es recomendada para personas de tres años de edad en adelante. (Reimpreso con permiso de Whaley L., y de D. L. Wong. *Nursing Care of Infants and Children*, 5° edición. St. Louis, Mo.: Mosby-Year Book, Inc., 1995.)

3. Escala de palabras
   Ejemplos:

   1) *Nada de dolor — Un poco de dolor — Mucho dolor — Demasiado dolor*
   2) *Leve — Moderado — Severo*

   La persona escoge la o las palabras que describan mejor al dolor.
4. Escala visual análoga
   Ejemplo:

   |_____|
   nada de dolor   el peor dolor posible

   La persona pone una marca en la línea para mostrar en qué lugar de la misma se encuentra su dolor.
5. Carta de colores
   La persona escoge el color que muestre mejor su dolor. Los colores son, generalmente blanco para "nada de dolor" y rojo para "dolor insoportable", con otros colores entre ellos. La persona también puede escoger los colores que significan dolor y nada de dolor.

Cuando se utiliza la escala del 0 al 10, las clasificaciones de 5 o más entorpecen las actividades de la mayoría de las personas. Es importante calificar el *alivio* del dolor utilizando la misma escala. Escriba la fecha, la hora, la calificación del dolor, la calificación del alivio del dolor, y qué hizo para aliviarlo. Calificar el dolor y el alivio del dolor describe cuán bien está funcionando el programa de control del dolor que está llevando. Por ejemplo, si el dolor permanece en 9 (en una escala del 0 al 10) después de tomar el medicamento prescrito, el programa no está funcionando. Si el dolor era de 9 y el medicamento lo hizo bajar a 2, esto demuestra que el medicamento está ayudando.

En una escala de palabras, "leve", "moderado" y "severo" son las palabras que se utilizan a veces para describir el dolor. Estas significan cosas diferentes para personas distintas. El dolor leve para una persona puede ser moderado o severo para otra. Debido a lo anterior, es necesario definir las palabras: todos los involucrados tienen que utilizar las mismas palabras y conocer su significado. En general, "dolor leve" ocupa un lugar 1, 2 o 3 en la escala numérica. El "dolor moderado" el 4, 5 o 6. El "dolor severo" se ubica en los lugares 7, 8, 9 o 10 de la misma.

Los diarios ayudan a describir qué está sucediendo con el dolor y el alivio del mismo. La información puede incluir el día, la hora, la calificación del dolor, qué estaba haciendo, qué intentó para aliviar el dolor, lo bien que funcionó, los efectos colaterales —si alguno— y comentarios relacionados al dolor. Llevar un registro del dolor y del alivio del mismo ayuda al médico y a la enfermera a comprender qué está sucediendo cuando usted está en su casa, o en el trabajo, y lejos de su cuidado. Los ayuda a saber cuándo cambiar el plan a fin de controlar mejor el dolor.

¿Dónde le duele? ¿Se mueve el dolor de un lugar a otro?
Diga exactamente cómo se siente el dolor. ¿Se siente como si estuviera en el interior de su cuerpo? ¿O parece que está afuera? Señale los lugares que duelen. Muestre hacia dónde se mueve el dolor si es que se desplaza de un lugar al otro. Utilice un dibujo del cuerpo para mostrar los lugares adonde duele. Asegúrese de mostrar todos los lugares que le duelen, no sólo el área en la cual le duele más.

¿Hay más de un lugar en el que le duela?
Podría tener más de una clase de dolor —algunos causados por el cáncer, otros causados por los tratamientos, y algunos otros sin relación con el cáncer (artritis o un dolor de cabeza causado por el estrés, por ejemplo). Es importante describir detalladamente cada clase de dolor.

¿Cuándo se presenta el dolor? ¿Cuánto tiempo dura? ¿Viene y va el dolor? ¿O está presente todo el tiempo? ¿Es este dolor nuevo? ¿Alguna vez ha tenido este dolor antes? ¿Cuándo comienza? ¿Cuándo termina?
Describir el dolor de esta manera ayuda a los demás a saber más sobre el dolor.

¿Evita el dolor que haga todo lo que quiere?
El dolor podría evitar que la gente se mueva, camine, suba escaleras, se bañe, trabaje, juegue o se movilice de un lado al otro. En ocasiones el dolor interfiere con el pensamiento y la concentración. El dolor podría obstaculizar el contacto con otras personas. Describir cómo limita su vida el dolor ayudará a su médico o enfermera a establecer metas para manejar su dolor con usted.

¿Interrumpe su sueño el dolor? ¿Cambia su estado de ánimo? ¿Afecta su apetito?
Cuando el dolor interfiere con el sueño, estado de ánimo o apetito, puede afectar todas las partes de la vida. Una de las primeras metas para el tratamiento es asegurar una

buena noche de sueño. Cuando usted ha descansado bien, tiene más energía para intentar mejorar, hablar con otros, disfrutar de la vida y hacer las cosas que son importantes para usted. El dolor también puede ocasionar que usted se sienta malhumorado o triste, especialmente cuando dura mucho tiempo. El dolor también puede modificar la manera en la que come y hacer que suba o baje de peso. El dolor que no se va puede cambiar la manera en la que usted se siente respecto a sí mismo y a los demás. Explicar cómo lo afecta el dolor puede ayudar a los demás a comprender más sobre el dolor que siente y sobre cómo mejorarlo.

¿Qué piensa que causa el dolor?
Muchas personas con cáncer temen que el dolor signifique que el cáncer se está extendiendo, o que haya vuelto. Esto no siempre es cierto. El dolor puede ser causado por la constipación, por no moverse tanto como de costumbre, o por oros motivos que no tienen relación directa con el cáncer. Los dolores nuevos pueden generar preocupación e intranquilidad. Su médico y enfermera tienen que saber lo que usted piensa que está sucediendo. Los médicos y las enfermeras buscarán la causa del dolor. Pero aun si la causa de éste no se encuentra, el dolor puede ser tratado.

¿Qué alivia el dolor? ¿Qué lo empeora?
La gente prueba muchas cosas para aliviar el dolor. Algunas funcionan bien; otras podrían no dar ningún resultado. En ocasiones, el dolor se presenta cuando uno se mueve de determinada manera. A veces, permanecer en una posición alivia el dolor. Decirle estas cosas a su médico o enfermera puede ayudarlos a controlar su dolor con más rapidez.

¿Qué ha intentado para aliviar el dolor?
Diferentes tipos de dolor responden a tratamientos distintos. Tal vez usted ya haya encontrado cosas que funcionan

bien para aliviar el dolor. Tal vez haya probado la meditación, la relajación, el calor, el frío o el ejercicio leve. Todo lo anterior podría aliviar algunos tipos de dolor. De ser así, su médico o enfermera deseará incluir estas cosas en su plan de tratamiento.

También podría haber probado cosas, tales como ciertos medicamentos, que no aliviaron el dolor. Su médico o enfermera tiene que saberlo para evitar demoras en encontrar el tratamiento correcto para usted.

Su médico o enfermera también necesita saber todos los medicamentos de mostrador que toma y qué medicamentos le han sido prescritos por otro médico o enfermera. Algunos medicamentos no se pueden tomar juntos. Algunas medicinas con nombres diferentes contienen los mismos químicos y podría ser malo tomar una dosis demasiado alta de los mismos.

¿Qué medicamentos para el dolor está tomando en este momento?
Describa todos los medicamentos que haya probado para el dolor en los últimos dos o tres días. También prepárese para enumerar todos los demás medicamentos que haya tomado. Explique el nombre, dosis, tiempo por el que se tomó el medicamento, cantidad de alivio y cualquier efecto colateral.

¿Está tomando algún medicamento para aliviar el dolor en este momento?
En ocasiones, los medicamentos que no surtieron efecto antes podrían ser efectivos si se toman de una manera diferente. Describa exactamente cómo y cuándo está tomando medicamentos en el presente. Su médico o enfermera necesita saber si la manera en la cual está tomando el medicamento es diferente a las instrucciones de la etiqueta.

Describa cuánto tiempo se lleva el medicamento para surtir efecto. ¿Por cuánto tiempo dura el alivio del dolor? ¿Desaparece por completo el dolor después de tomar el medicamento? ¿Vuelve el dolor antes de que llegue la hora de tomar la siguiente dosis? Las respuestas a estas preguntas facilitan la elaboración de un plan que funcione para su dolor.

¿Tiene algún efecto colateral a causa de los medicamentos que está tomando? ¿Tiene alguna alergia?
Los medicamentos para el dolor severo causan estreñimiento. Manejar la constipación es una parte importante del plan de control del dolor. Esté preparado para que le pregunten sobre sus movimientos intestinales en cada visita. Dos días es demasiado tiempo para no mover el intestino cuando se están tomando medicamentos para el dolor severo. También hable de otros efectos colaterales que causan problemas, la mayoría de ellos son sencillos de tratar.

Discuta sus alergias a los medicamentos y a otras cosas. Describa cómo se presentó la alergia la primera vez que la notó.

¿Tiene alguna preocupación respecto a tomar medicamentos para el alivio del dolor?
A muchas personas les preocupa el tomar medicamentos, especialmente narcóticos y opiáceos, para el alivio del dolor. Les preocupan la adicción y otros efectos colaterales. La adicción rara vez se presenta en las personas que toman medicamentos *para el alivio del dolor provocado por el cáncer*, sin embargo, muchas personas no toman medicamentos, o toman una dosis menor a la que necesitan, a causa de este temor. Su médico o enfermera tiene que saber qué piensa usted de esto. Ellos tienen que explicarle que no es un problema (Vea el Capítulo 3 para más información al respecto.) También formule preguntas sobre todas las demás preocupaciones que tenga.

¿Cuánto alivio sería necesario para que usted se mueva mejor? ¿Cuál es su meta para el alivio del dolor?
Tal vez se le pida que establezca una meta para el alivio del dolor. Esta puede basarse en la escala de calificación

(por ejemplo 2 en una escala del 0 al 10). O su meta podría ser concentrarse en actividades que le gustaría llevar a cabo (caminar sin dolor, poder trabajar). La meta del plan de tratamiento consiste en cumplir con las metas que usted establezca para el alivio del dolor.

Otras partes de la evaluación

Espere que una evaluación del dolor incluya un examen físico cuando sea posible. Análisis de sangre, rayos X, y otras pruebas y análisis que deben revisarse. Su historial de salud presente y pasado también es importante. Otras preguntas incluyen sus experiencias previas con el dolor y el alivio del mismo, como así también sus ideas sobre el dolor y el alivio de éste. Dígale al médico o enfermera si tiene problemas para pagar por los medicamentos. También comuníqueles toda otra preocupación. Asegúrese de añadir su propia información si no le formulan las preguntas correctas.

¿Qué se interpone en la manera de describir el dolor?

Hay muchos factores que podrían interferir con una descripción completa del dolor y, por lo tanto, con su tratamiento. Algunos de ellos se describen a continuación.

El médico o enfermera no se sienten cómodos tratando el dolor relacionado con el cáncer.
Tal vez le sorprenda el hecho de que muchos médicos y enfermeras aprenden muy poco sobre el dolor y el alivio del mismo en la escuela. La mayor parte de lo que aprenden sobre el dolor es en la práctica de su profesión. Aprender

de esta manera es arriesgado. La gente podría obtener muy buena información en el trabajo, pero también podría aprender ideas desactualizadas que, de hecho, interfieran con el control del dolor. Las publicaciones profesionales reportan que los médicos y enfermeras a menudo carecen del conocimiento básico sobre el alivio del dolor relacionado con el cáncer. Los estudios muestran que el dolor relacionado con el cáncer a menudo es escasamente tratado, aun cuando los médicos y las enfermeras cuenten con la información correcta. El dolor está comenzando a formar parte de la educación básica de algunos médicos y enfermeras, pero el cambio es lento. Todo el dolor relacionado con el cáncer puede ser tratado. Pida ver a otro médico o enfermera si piensa que su dolor está siendo ignorado o no es tratado adecuadamente.

El médico o la enfermera no pregunta regularmente sobre el dolor. Todos formulan preguntas diferentes en cada ocasión. La evaluación del dolor no es completa.
El dolor debe ser evaluado en cada visita y en cada ocasión en la que haya cambios en éste. La evaluación también es clave después de cualquier terapia que cause dolor. La evaluación regular incluye la utilización de la misma herramienta de evaluación y escala de calificación en cada ocasión, a fin de que la información de una visita pueda ser comparada con la de la próxima.

Las creencias y actitudes sobre el dolor no son correctas.
Muchas personas tienen imágenes fijas en sus mentes sobre cómo se ve alguien con un dolor "real". La imagen común es la de una persona sufriendo de un dolor poco prolongado, severo (dolor agudo). Los gestos, la tensión muscular, los gritos y los quejidos son conductas asociadas con el dolor agudo. Este es acompañado por cambios en la presión sanguínea, pulso y respiración. Estas conductas y cambios en las funciones corporales no siempre

se presentan junto con el dolor prolongado (dolor crónico o persistente), aun cuando éste es severo. En alguien con un dolor crónico, es común la falta de expresión en el rostro. La persona podría haber aprendido a no quejarse. No hay manera de saber si alguien sufre dolor sólo con mirarlo. Como dice Margo McCaffery, una conocida consultora sobre el alivio del dolor: "El dolor es cualquier cosa que la persona diga que es, presentándose en cualquier momento en el que la persona diga que se presenta".

Las personas con dolores relacionados con el cáncer podrían no decir nada del mismo. Algunas de las razones para ello incluyen:

- Miedos y creencias de que el dolor no puede ser tratado.
- Intentar ser un "buen paciente" al no hablar sobre el dolor.
- Tratar de ser "fuerte" al no hablar del dolor.
- Pensar que hablar del dolor distraerá al médico de su tratamiento del cáncer.
- Pensar que el dolor significa que el cáncer está empeorando.
- Creer que el dolor empeorará si se le presta atención.
- Creer que el dolor es un castigo y que debe ser soportado.

Evaluando su propio dolor

Los miembros de la familia y los amigos pueden ayudarlo en su evaluación. Si usted no siente ánimos de escribir la evaluación, pida ayuda. Enseñe a otros a listar sus calificaciones del dolor. Lleve a un familiar o amigo a las visitas al médico. Deje que lo ayuden a decirle a otros sobre su dolor y el alivio del mismo.

Trate de completar su evaluación del dolor utilizando el formato del libro de trabajo que se encuentra al final de este libro. Utilice la evaluación para checar su dolor y alivio del mismo entre las visitas al médico. Lleve la evaluación a cada visita con el médico o enfermera. Usela para describir qué está pasando si llama por teléfono al médico. Si la evaluación es demasiado difícil, lleve un diario sobre el dolor. Encuentre la manera en la que sea más fácil describir el dolor y mostrar cuánto alivio hay cada día. Recuerde, la persona con el dolor es la que sabe más sobre éste y su alivio. Comparta lo que sabe con los demás.

3

Utilizando medicamentos para aliviar el dolor del cáncer

Puntos clave

- El objetivo de controlar el dolor es *prevenir* que el dolor vuelva.
- Los medicamentos pueden controlar casi todos los dolores severos del cáncer.
- Los efectos colaterales de los medicamentos deben ser prevenidos y manejados agresivamente.
- El plan del dolor puede incluir varios medicamentos que se utilizan juntos.
- Podría ser necesario tomar los medicamentos con regularidad, sienta o no dolor.
- Los medicamentos para el dolor severo pueden ser ajustados como sea necesario para controlar el dolor.
- La cantidad de medicamentos que requiera para controlar su dolor podría ser muy diferente a la dosis que necesite otra persona con un dolor similar.
- La adicción rara vez es un problema para las personas que toman medicamentos para aliviar el dolor relacionado con el cáncer.

- La morfina es un buen medicamento para el alivio de muchos tipos de dolor severo.
- El estado de alerta y la actividad a menudo mejoran si se trata al dolor con medicamentos.

José tiene dolor y presión a causa del cáncer intestinal (cáncer de colon) todo el tiempo. Su enfermera le dijo que tomara pastillas de morfina con regularidad. Ella dijo que no se saltara ninguna dosis a no ser que se lo informase, y también que tomara dos tabletas de ibuprofén (Advil, Motrin IB, Nuprin) cuatro veces al día. También le recetó medicina para mantener la regularidad en sus movimientos intestinales. Le pidió a José que llevara un diario de su dolor y del alivio de su dolor. El tenía que llamarla si la mayor parte del dolor no desaparecía para el día siguiente, si el dolor empeoraba, o si se presentaban efectos colaterales. A José le preocupaba mucho tomar "todos esos medicamentos". Estaba especialmente preocupado por utilizar. la morfina todo el tiempo. Sólo utilizaba los medicamentos cuando su dolor era realmente fuerte. No llamaba nunca a la enfermera. El dolor gobernaba su vida.

José no tenía que sufrir. Muchas personas con dolor relacionado con el cáncer tienen las mismas inquietudes que José. Estas preocupaciones obstaculizan el buen control del dolor. Este capítulo describe los medicamentos para el dolor relacionado con el cáncer y las maneras de tomarlas para el mejor alivio del mismo. Lo ayudará a comprender el plan para el tratamiento del dolor.

La mejor manera de librarse del dolor relacionado con el cáncer es tratar el cáncer o la causa del dolor. Por ejemplo, la quimioterapia o la radioterapia se pueden utilizar para reducir el tamaño de un tumor que presiona un nervio y causa el dolor. Cuando esto no resulta posible o no da buenos resultados, los medicamentos, solos o acompañados de otra terapia, pueden controlar la mayoría de las formas del dolor relacionado con el cáncer.

Se utilizan muchos tipos de medicamentos para tratar el dolor relacionado con el cáncer. La elección del medicamento depende del tipo de dolor, lo severo que éste sea, el tratamiento para el cáncer y otros factores. Se pueden combinar medicamentos para mejorar el alivio del dolor.

La meta de aliviar el dolor relacionado con el cáncer es ofrecer el mejor alivio para el dolor, con los mejores efectos colaterales y dentro del plan más fácil de seguir. La manera más sencilla de controlar el dolor relacionado con el cáncer es prevenirlo. Cuando éste se encuentra presente durante la mayor parte del tiempo, tomar analgésicos en dosis regulares, aun cuando no se sienta dolor, es lo que mejor funciona. Esperar hasta que el dolor sea realmente intenso hace que éste sea más difícil de controlar. Se requiere de menos medicamentos para tratar el dolor de leve a moderado que para tratar al dolor severo. Prevenir el dolor relacionado con el cáncer, en ocasiones definido como "mantener dominado al dolor", permite que la gente haga las cosas que quiere sin que el dolor se interponga.

El buen alivio del dolor no significa que exista la necesidad de sacrificar el estado de alerta o vigilia. A algunas personas les preocupa que el tomar todos los medicamentos necesarios para aliviar el dolor signifique perder la habilidad de pensar con claridad, de hablar con los familiares y amigos y de concentración. Cuando se prescriben correctamente los medicamentos y se ajustan las dosis para manejar el dolor, de hecho la mayoría de la gente se siente mejor y piensa con más claridad que si el dolor persiste. El dolor hace que sea difícil concentrarse, dormir o comunicarse con otras personas. Sólo un número reducido de individuos con dolor relacionado con el cáncer, cuyo dolor resulta difícil de controlar cerca del final de sus vidas, necesitará elegir entre el alivio del dolor y el estado de alerta.

Cosas que se deben saber sobre los medicamentos

El plan de tratamiento para el dolor de cada persona es único. A fin de crear el mejor plan, usted tendrá que trabajar muy cerca del médico o la enfermera. Explíquele al médico o a la enfermera qué medicamentos toma por su cuenta. Nunca tome las medicinas de otra persona. No comience o deje de tomar medicamentos sin preguntarle primero a su médico o enfermera.

La cantidad exacta de medicamento que se debe tomar a la vez se llama *dosis*. En el caso de la mayoría de los medicamentos para el dolor, la mayoría de las dosis se mide en *miligramos*. Un miligramo es una medida de peso del sistema métrico y se abrevia *mg*. Un miligramo en la milésima parte de un gramo. Un gramo es igual a alrededor de una vigésima octava parte de una onza. Los medicamentos líquidos también se miden en *mililitros*, o *ml*. Cinco mililitros son alrededor de una chucharadita de té. La dosis de algunas medicinas líquidas se especifica como *miligramos por mililitro* (mg / ml).

Los medicamentos requieren de diferentes periodos de tiempo para hacer efecto. Algunos comienzan a actuar en minutos, otros requieren de varias horas, o hasta de días, para comenzar a actuar. El tiempo que requiere un medicamento para comenzar a actuar se llama *inicio de la acción* o *inicio del efecto*. Diferentes medicamentos alivian el dolor por diferente cantidad de tiempo. La acción es el periodo de tiempo que *dura* el efecto de un medicamento.

Es importante conocer estos términos, especialmente cuando se está utilizando más de un medicamento en el plan de tratamiento del dolor. Algunos medicamentos funcionan por dos o tres horas, otros por cuatro o más horas. Nuevos tipos de tabletas de acción prolongada duran ocho, doce o veinticuatro horas. Los parches pueden durar hasta tres días, cuando la medicina se acaba, el dolor podría regresar. Los médicos y enfermeras utilizan el inicio y acción de cada medicamento para decidir cuándo programar cada dosis. Tomar un medicamento antes de la dosis programada puede causar efectos colaterales serios. Esperar demasiado tiempo puede dejar que regrese el dolor. Apegarse a las instrucciones es clave para el éxito de un plan para el alivio del dolor.

Muchos medicamentos tienen más de un nombre. Todos tienen un *nombre genérico*. El nombre genérico dice de qué está compuesta la medicina. Ejemplos de nombres genéricos son aspirina, acetaminofén, ibuprofén, morfina, e hidromorfona. Muchos medicamentos también tienen un *nombre comercial* o *marca de fábrica*. El nombre comercial es el que una empresa le da a una medicina cuando la hacen. Por ejemplo, Tylenol, Aspirina y Datril son los nombres comerciales para el acetaminofeno. El Advil, Nuprin y Motrin IB contienen ibuprofén. El M.S.I.R., Roxanol, MS Contin, Oramorph SR y Kadian son nombres comerciales de la morfina.

Un medicamento que no necesita receta médica (o "de mostrador") tiene su nombre genérico impreso en alguna parte de la etiqueta. Lea las etiquetas de los medicamentos con cuidado. Compare los ingredientes. Es muy sencillo tomar demasiada medicina sin saberlo. Pida ayuda al farmacéutico o consulte con su médico o enfermera.

Medicamentos utilizados para el dolor relacionado con el cáncer

Los medicamentos que disminuyen el dolor se llaman calmantes o *analgésicos*. Estos interpretan un papel de suma importancia en el alivio del dolor. Los analgésicos no afectan la causa del dolor, pero hacen que éste se sienta menos fuertes. Otros medicamentos pueden ayudar con ciertos problemas de dolor. Por ejemplo, los medicamentos utilizados para tratar la depresión o las convulsiones pueden, en ocasiones, detener el dolor causado por la irritación o el daño de los nervios. Cuando se utilizan para aliviar el dolor, estos medicamentos se *llaman medicamentos adyuvantes* o *coanalgésicos*. El término adyuvante se refiere a los medicamentos que son "añadidos a" o utilizados en lugar de los analgésicos para manejar el dolor u otros síntomas. Los medicamentos adyuvantes podrían ser utilizados para tratar las náuseas y vómitos, la sedación y otros efectos colaterales del cáncer.

Tomar varios medicamentos puede ser confuso. Asegúrese de comprender qué medicinas tomar, cuándo tomarlas y cómo detener los efectos colaterales. Si no está seguro, consulte con su médico o enfermera.

Medicamentos para el dolor leve

El dolor leve del cáncer es tratado con medicamentos llamados *no-narcóticos*, *no-opiáceos* o *analgésicos no-opiáceos*. Los medicamentos no-opiáceos son buenos para aliviar el dolor. Se utilizan solos para el dolor de leve a moderado, o junto con otros medicamentos para el dolor severo. El acetaminofén (Tylenol o de otra marca de analgésico sin aspirina) o el ibuprofén (Motrin IB, Advil, Nuprin y otros) funcionan para muchos tipos de dolor. La aspirina es un gran analgésico, pero no es utilizado muy a menudo en personas que reciben quimioterapia o radioterapia. La aspirina evita los coágulos de sangre y puede causar problemas de sangrado hasta en cortes, heridas o llagas menores, u puede causar úlceras en el estómago e intestinos delgado y grueso.

Excepto por el acetaminofén, estos medicamentos se encuentran en una clase llamada *medicinas no-esteroides antiinflamatorias* o *AINEs* o NSAIDs según sus siglas en inglés. Algunos de estos medicamentos pueden comprarse sin una prescripción médica, otros requieren de una prescripción. La mayoría alivia alrededor de la misma cantidad de dolor si se utilizan dosis estándar. Algunos medicamentos antiinflamatorios no-esteroides alivian la hinchazón y la inflamación, y bajan la fiebre. En la Tabla 1 se listan los medicamentos comunes para tratar el dolor leve.

**Tabla 1: Medicamentos utilizados para tratar
el dolor de leve a moderado**

Medicamentos sin prescripción médica	Medicamentos con prescripción médica
Acetaminofén (Tylenol y otros)	Trisalicilato de colina y magnesio (Trilisate)
Acido acetilsalicílico o aspirina	Kerotolac (Toradol)
Ibuprofén (Nuprin, Advil, Motrin)	Diflunisal (Dolobid)
Naproxén (Aleve y otros)	
Ketoprofen (Orudis, Actron, y otros)	

A diferencia de los medicamentos que se utilizan para el dolor severo, aumentar las dosis de éstas más allá de la estándar *no* mejorará el control del dolor. En otras palabras, hay un límite para la cantidad de medicamentos no-opiáceos que se pueden tomar por vez. Este límite se llama *techo*. Tomar más de lo que especifican las indicaciones de la etiqueta o de lo que le recete su médico o enfermera no mejorará el control del dolor, pero le causará problemas. Tomar una dosis demasiado alta, puede causar efectos colaterales serios, tales como sangrado, malestar estomacal y úlceras, problemas de hígado y riñones, y zumbido en los oídos. Algunos productos no están claramente etiquetados y contienen aspirina, acetaminofén o ibuprofén, junto con otros medicamentos. Los remedios fríos y las medicinas para el dolor de la artritis a menudo contienen estos medicamentos. Asegúrese de conocer la composición química de sus medicamentos.

Muchos de estos analgésicos están disponibles en diferentes presentaciones. Por ejemplo, el acetaminofén está disponible en cápsulas, grageas y tabletas. Cada tableta regular contiene 325 mg de acetaminofén y alivia la misma cantidad de dolor. La diferencia es la presentación. Para algunas personas es más fácil tragar las cápsulas. La aspirina también viene en muchas presentaciones. La aspirina efervescente o cubierta entérica contiene aspirina, con un tratamiento especial que ayuda a reducir la irritación estomacal.

Los medicamentos de mostrador pueden causar efectos colaterales serios. Consulte con su médico o enfermera antes de utilizarlos, y reporte todo efecto colateral de inmediato.

Medicamentos para el dolor de moderado a severo

Los medicamentos más comunes para el dolor severo son los *opiáceos* (analgésicos opiáceos o narcóticos). En la Tabla 2 se listan los medicamentos comunes utilizados para tratar el dolor de moderado a severo. Estas medicinas requieren, todas, de prescripción. A diferencia de aquellas que

Tabla 2: Medicamentos utilizados para tratar el dolor de moderado a severo

Todos estos medicamentos causan estreñimiento. Asegúrese de preguntarle al médico o enfermera cómo prevenir la constipación mientras las toma. También reporte todos los síntomas de náusea, vómitos, sedación y otros.

Nombre genérico	Nombres comerciales	Presentaciones disponibles	Comentarios
Sulfato de morfina: de efecto corto.	MSIR Roxanol OMS Concentrado MS/L Rescudose RMS supositorios MS/S supositorios	tabletas; líquidos; supositorios; inyecciones.	Cada dosis dura aproximadamente entre 3 y 4 horas.
Sulfato de morfina: efecto prolongado.	MS Contin Oramorph SR Kadian	tabletas	El medicamento es liberado lentamente (8 a 12 horas el MS Contin y el Oramorph SR, y de 12 a 24 horas el Kadian).
No parta, muerda o modifique la píldora de ninguna manera; éstas deben ser tragadas enteras. No las tome con más frecuencia de la indicada.			
Hidromorfina	Dilaudid Dilaudid HP HydroStat	tabletas; supositorios; inyecciones.	Similar a la morfina de efecto corto.
Oxycodona de efecto corto.	Roxicodone	tabletas; líquido; supositorios.	Cada dosis dura entre 3 y 4 horas.
Oxycodona de efecto prolongado.	OxyContin	tabletas	Cada dosis dura alrededor de 12 horas.
No parta, muerda o modifique la píldora de ninguna manera; éstas deben ser tragadas enteras. No las tome con más frecuencia de la indicada.			

Tabla 2: (continuación)

Nombre genérico	Nombres comerciales	Presentaciones disponibles	Comentarios
Oxycodona combinada con aspirina.	Percodan Roxiprin	tabletas	Su uso para el dolor severo es limitado debido al techo de la aspirina.
Oxycodona combinada con acetaminofén.	Percocet Tylox	tabletas	Su uso para el dolor severo es limitado debido al techo del acetaminofén.
Methadona	Dolophine Methadose	tabletas; líquidos; inyecciones.	Necesita un ajuste ocasional de la dosis aun cuando el dolor siga siendo el mismo. No falte a las visitas de seguimiento.
Fentanyl	Duragesic parche Fentanyl Oralet Sublimase Innovar	parche transdérmico; preparación oral; inyecciones.	El parche puede durar hasta 3 días. El Oralet debe disolverse lentamente en la boca.
Levorphanol	Levo-Dromeran	tabletas; inyecciones.	Necesita un ajuste ocasional en la dosis aun en el caso de que el dolor siga siendo el mismo. No falte a las visitas médicas de seguimiento.

Tabla 2: (continuación)

Nombre genérico	Nombres comerciales	Presentaciones disponibles	Comentarios
Oximorphona	Numorphan	supositorios; inyecciones.	El uso de este medicamento es limitado porque no está disponible en presentación oral.
Meperidina	Demerol	tabletas; líquido; inyecciones.	Aunque se prescribe a menudo, **la meperidina no es un buen medicamento para el control del dolor relacionado con el cáncer.** El uso debería limitarse a 2 o 3 días. Se pueden presentar la agitación, la irritabilidad y la inquietud. Reporte estos síntomas.

se utilizan para el dolor leve, la dosis de los analgésicos opiáceos o narcóticos puede ser aumentada por su médico o enfermera tanto como sea necesario para aliviar el dolor. En otras palabras, con la guía de su médico o enfermera, *no hay techo* para la cantidad de estos medicamentos que se pueden tomar para tratar el dolor severo. Sin embargo, no tome más de la dosis prescrita sin preguntarle a su médico o enfermera, ya que tomar demasiado de cualquier medicina a la vez puede ser peligroso. Pero trabajando con su médico o enfermera, su dolor puede ser aliviado generalmente al aumentar lentamente las dosis de los mismos. La dosis de estos medicamentos siempre puede aumentarse. *No hay nunca un momento en el que ya no haya nada para tratar el dolor.*

La meperidina (Demerol) fue alguna vez un medicamento popular para el control del dolor, especialmente después de la cirugía. Algunos médicos todavía la prescriben en el presente. Sin embargo, la meperidina no es un buen medicamento para el control del dolor relacionado con el cáncer, dado que tomarla por más de dos o tres días causará problemas. A medida que el cuerpo absorbe la meperidina, el medicamento libera un producto derivado llamado normeperidina. Después de dos o tres días, la normeperidina vuelve a la persona ansiosa e inquieta. También causa contracciones musculares y, en dosis altas, puede causar convulsiones. La Agency for Health Care Policy and Research (Departamento de Salud y Servicios Humanos de Estados Unidos) afirma que la meperidina es una mala elección para el control del dolor relacionado con el cáncer. Además, algunas instituciones de la salud ya no lo utilizan para la cirugía, especialmente en las personas mayores.

Efectos colaterales de los opiáceos

Reporte a su médico o enfermera todos los efectos colaterales producidos por los opiáceos; éstos pueden ser controlados. No deje de tomar el medicamento para el dolor a causa de los efectos colaterales que no han recibido atención.

Constipación

La mayoría de los medicamentos para el dolor severo, incluyendo a todos los opiáceos, causan constipación. Los analgésicos opiáceos hacen que los intestinos se muevan con más lentitud. Las heces, o excremento, se tornan duras y secas. Cuando comience a tomar medicamentos tales como morfina, hidromorfina o fentanyl, necesitará medicamentos para mantener la regularidad en sus movimientos intestinales. Si su médico o enfermera no sugiere algún medicamento para sus intestinos, pregúntele al respecto. Es muy importante decirle al médico o a la enfermera si su intestino no se ha movido por más de dos días. La constipación severa causa dolor, náuseas y vómitos, y puede ser peligroso. La constipación es un problema potencial durante todo el tiempo que la persona tome opiáceos. A medida que las dosis de los medicamentos opiáceos se aumentan, el estreñimiento que no haya recibido tratamiento empeora.

Hay pasos sencillos que se pueden tomar para prevenir la constipación, tales como beber más agua y jugos de frutas, comer más fibra y hacer ejercicio. Sin embargo, por lo general estos pasos no bastan; se podría requerir de otros medicamentos. En ocasiones, las personas dejan de tomar medicamentos que pueden aliviar su dolor porque la constipación no es bien manejada. No permita que le suceda lo mismo. Informe a su médico o enfermera si sus intestinos no están funcionando bien. Para más información sobre la constipación, vaya a la página 42 en el Capítulo 1.

Sugerencias para el manejo del estreñimiento:

- Tome, según las instrucciones, los medicamentos prescritos para prevenir la constipación.
- Aumente la cantidad de líquidos que bebe al día.
- Coma alimentos altos en fibras, tales como cereales, ciruelas y puré de manzana.

- Haga tanto ejercicio como le sea posible. Moverse ayuda a prevenir el estreñimiento.
- Mantenga su programa habitual de movimientos intestinales.
- Beba líquidos calientes.

Náuseas, vómitos, boca seca, somnolencia y confusión

Otros efectos colaterales serios de los medicamentos para el dolor son raros, especialmente en las personas con cáncer. Si los efectos colaterales se presentan, lo más probable es que sea al inicio del tratamiento, o cuando las dosis se suban rápidamente. Lo más probable es que desparezcan después de unos pocos días. Los opiáceos pueden causar náuseas, vómitos, somnolencia, boca seca, confusión. El cuerpo desarrolla una tolerancia a la mayoría de los efectos colaterales, excepto por la constipación. Otros medicamentos pueden ayudar a detener estos efectos colaterales. El estado mental debe ser monitoreado de cerca, y si la confusión continúa debe ser evaluada más a profundidad por el médico y/o enfermera.

Sugerencias para el manejo de las náuseas o vómitos:

- Tome medicamentos anti-náusea durante los primeros días de la terapia. Pida instrucciones al médico o enfermera para hacerlo. Por lo general, las náuseas y vómitos duran dos o tres días.
- Coma cantidades pequeñas de comida espaciadas durante el día, en lugar de ingerir comidas más abundantes.
- Consuma alimentos tales como pan tostado, galletas, avena, pretzels, yogur y sorbetes.
- Beba líquidos claros.
- Evite los alimentos grasosos o fritos igual que los dulces o condimentados.

- Use un popote para los líquidos y beba lentamente.
- Siéntese o camine por alrededor de una hora después de las comidas.
- Evite las ropas ajustadas o apretadas.
- Tome mucho aire fresco.
- Utilice la relajación, la visualización guiada o las distracciones.

Sugerencias para el manejo de la boca seca:

- Beba muchos líquidos a no ser que existan otros motivos para limitar su ingesta.
- Chupe caramelos duros sin azúcar tales como mentas o dulces de limón.
- Beba sorbos de líquido a menudo, utilizando una botella de agua o termo cuando esté fuera de casa.
- Mantenga una buena higiene oral.
- Evite los enjuagues bucales comerciales, ya que contienen alcohol y secan todavía más la boca.
- Para la boca seca severa, utilice saliva artificial (Salivart, Orex o Moistir). Utilícela cuanto sea necesario.
- Reporte a su médico o enfermera las manchas blancas o rojas, como cualquier otro cambio, dentro de su boca.

Sugerencias para el manejo de la somnolencia:

- Beba bebidas que contengan cafeína, tales como té, café o refresco de cola.
- Espere, a no ser que la somnolencia sea severa, ya que ésta desaparecerá en un lapso de tres días después del inicio de la terapia o del incremento de la dosis de un medicamento.
- Reporte la somnolencia excesiva al médico o enfermera. La dosis de los medicamentos para el dolor puede ser ajustada, o se pueden prescribir otras medicinas para ayudar.

Otros efectos colaterales

En ocasiones, los opiáceos pueden causar que la respiración se vuelva más lenta. Esto no es un problema para la mayoría de las personas que toman opiáceos para el dolor relacionado con el cáncer, y la tolerancia a este efecto colateral se desarrolla con rapidez. Los opiáceos también pueden causar pesadillas, sudores, comezón, o dificultad para orinar. Nuevamente, todos estos efectos colaterales pueden ser manejados. Hable con su médico o enfermera.

Utilizando los medicamentos para lograr el mejor alivio del dolor

La Organización Mundial de la Salud publica la *escalera analgésica* de tres pasos (que se muestra en la Figura 1) como guía para utilizar medicamentos para tratar el dolor relacionado con el cáncer. Todo médico y enfermera debería saber cómo utilizarla. Además la Organización Mundial de la Salud ofrece estos recordatorios para utilizar medicamentos para el dolor relacionado con el cáncer:

- Prescribir y utilizar medicamentos *orales* (tabletas y líquidos) cada vez que sea posible.
- Para el dolor relacionado con el cáncer programar medicamentos regulares.
- Utilizar la *escalera analgésica* escalón a escalón como guía si el dolor persiste o empeora.
- Planear para cada persona como *individuo*, de acuerdo al dolor y al alivio del mismo.
- Prestar *atención a los detalles* en la evaluación y el tratamiento.

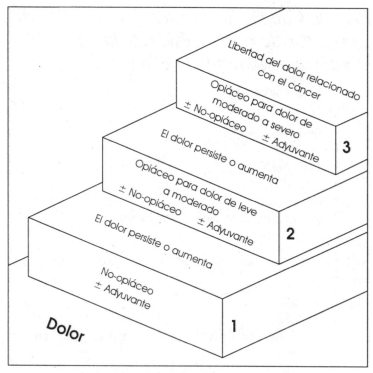

Figura 1. Escalera Analgésica de Tres Escalones. (Utilizada con permiso de la Organización Mundial de la Salud, 1990.)

La Organización Mundial de la Salud recomienda los analgésicos para la mayoría de los dolores. Se añaden otros medicamentos para el dolor que no desaparece solamente con los analgésicos. Se pueden añadir medicamentos para tratar problemas específicos tales como náuseas, ansiedad o constipación. La escalera es una manera sencilla de mostrar cómo usar sistemáticamente las medicinas para el dolor. A medida que el dolor empeore, "suba" por la escalera. Más del noventa por ciento de todo el dolor relacionado con el cáncer puede aliviarse utilizando los pasos que se muestran en la escalera.

Ejemplos de medicamentos que se utilizan con la Escalera Analgésica de la Organización Mundial de la Salud

Paso 1 Dolor leve
Analgésicos

- acetaminofén.
- aspirina.
- ibuprofén.
- naproxén.
- ketoprofén.
- trisalicilato de colina y magnesio.
- propoxyfeno.

Además de medicamentos para tratar otros síntomas tales como:

- náusea.
- ansiedad.
- dolor causado por la irritación o el daño en los nervios.

Paso 2 Si el dolor no desaparece utilizando los medicamentos en el paso uno, o si empeora

- Oxycodona con aspirina o acetaminofán.
- Hidrocodona (Vicodin, Lortab y otras).

Paso 3 Si el dolor no desaparece o es severo
El médico o la enfermera aumenta la dosis de estos medicamentos gradualmente hasta que el dolor se alivie o los efectos colaterales sean imposibles de manejar.

- Morfina.
- Hidromorfina.
- Oxycodona sin aspirina o acetaminofén.
- Methadona.
- Fentanyl.

Más allá de esta escalera; para el dolor causado por la irritación o daño en los nervios.

- Antidepresivos tricíclicos (amitriptilina, desipramina).
- Anticonvulsivos (fenitoína, carbamazepina).
- Anestésicos locales orales (mexiletina).

(Adaptado de la Agency for Health Care Policy and Research. Lineamiento clínico n° 9. *Management of Cancer Pain*. Rockville, Md.: U.S Departamento de Salud y Servicios Humanos, marzo de 1994.)

Cuándo tomar medicamentos

Usar medicamentos bajo un plan regular de veinticuatro horas ayuda a prevenir el dolor. El plan regular de veinticuatro horas mantiene a un nivel parejo la cantidad de medicina en el cuerpo, lo que controla el lugar y evita que éste regrese. Cuando los medicamentos se toman de esta manera se presentan menos efectos colaterales.

Cuando el dolor sólo se presenta durante ciertas actividades, tomar los analgésicos *cuando se necesite* o *p.r.n.* (*cuando sea necesario* en latín) está bien. Por ejemplo, cuando el dolor se presenta sólo durante un cambio de vestimenta u otro procedimiento, tomar el medicamento justo antes de éste ayuda. Las dosis para sólo cuando sea necesario también se utilizan entre las dosis programadas si el dolor vuelve demasiado rápido.

Cuando el dolor mejora, o desaparece, podría resultar tentador dejar de tomar las medicinas para éste. Esto permite que el dolor regrese e inicia un sube-y-baja de un poco de alivio y luego más dolor. No deje de tomar sus medicamentos aunque se sienta bien. Si la causa del dolor desaparece, hable con su médico o enfermera sobre la reducción gradual de la dosis. Continúe evaluando el dolor y el alivio del mismo. Prepárese para dejar de reducir la dosis si el dolor vuelve a presentarse. Dejar de tomar los medicamentos demasiado rápido puede causar efectos colaterales y el regreso del dolor severo.

A algunas personas les preocupa que tomar medicamentos bajo un plan regular signifique tomar demasiada medicina. De hecho, utilizar un plan de medicación continua alivia el dolor con menos medicamentos de los que serían necesarios si se permitiese que el dolor volviera. Utilizar medicamentos para el dolor relacionado con el cáncer bajo un plan regular no significa que usted no podrá disfrutar de la vida. De hecho, muchas personas que toman medicinas para el dolor relacionado con el cáncer según un plan diario regular, continúan trabajando y disfrutando. Pueden disfrutar de la vida porque el dolor no obstaculiza sus actividades.

La dosis necesaria y el plan para tomar los medicamentos varían para cada medicamento y en el caso de cada persona. La duración y el inicio de la acción también son distintos para cada medicamento. Los planes pueden ser confusos. Escriba la hora a la que debe tomar cada medicina, y registre que se ha tomado a su hora. Vea la hoja de trabajo al final de este libro (página 183) para tener un ejemplo de un plan de medicamentos.

Como regla, el dolor leve se trata con medicamentos que se toman cada tres o cuatro horas. La necesidad de tomar medicinas cada cuatro horas puede interferir con el sueño, el trabajo o el juego. Si se le ha prescrito el medicamento cada tres o cuatro horas sin interrupción, ponga una alarma durante la noche para asegurarse de tomarlo a tiempo. Saltarse la dosis de la noche hará que se despierte con dolor en la mañana.

Los medicamentos de acción prolongada (tales como el MS Contin, Oramorph SR, OxyContin y Kadian) se utilizan para el dolor severo. Estas píldoras liberan morfina u oxycodona lentamente —permitiendo que actúe durante un lapso largo de tiempo. Estas píldoras deben tragarse enteras. No las parta, mastique o muela. Si la dosis no es lo suficientemente alta, el dolor puede volver entre una y otra dosis, pero estos medicamentos *nunca* deben tomarse con una frecuencia menor a las ocho horas entre una y otra dosis (cada doce horas en el caso del Kadian).

El dolor que se presenta entre una y otra dosis de medicina se llama *dolor recurrente*. Las dosis pequeñas de analgésicos de acción corta (con una duración de la acción de tres a cuatro horas) entre las dosis de acción prolongada ayudan a prevenir el dolor recurrente. Un analgésico de acción corta como la morfina o el Roxanol) puede tomarse cada entre dos y cuatro horas "como sea necesario", con los medicamentos de acción prolongada. Esto se llama *dosis de rescate* para el dolor recurrente, ya que la medicina de acción corta "rescata" a la persona del dolor hasta que llegue la hora de tomar el medicamento de acción larga. Tomar dosis de rescate más de unas pocas veces al día podría indicar que la dosis de acción prolongada debe ser más alta. Lleve una lista de las cantidades de cada medicamento tomado, incluyendo las horas y la calificación del dolor. Esta información se utiliza para ajustar el plan para controlar el dolor. Afinar finamente la dosis basándose en el dolor y el alivio del mismo da los mejores resultados. Trabaje con su médico para encontrar el plan correcto.

Ajustar los medicamentos para el mejor alivio

Elevar o disminuir la dosis de los medicamentos para el dolor, a fin de obtener el mejor alivio se llama *titulación*. El dolor de cada persona es diferente, y cada individuo responde de manera distinta a la medicación. El buen alivio del dolor depende de un plan que es creado específicamente para una persona y que se ajusta a medida que cambia el dolor del individuo. Si el dolor empeora, la dosis puede ser aumentada o se puede probar con otro medicamento. Si se presentan demasiados efectos colaterales, tal vez la dosis deba ser más baja. Si otro tratamiento detiene el dolor, el analgésico tal vez no sea necesario en absoluto.

Las dosis fluctúan de acuerdo al individuo en los medicamentos que se utilizan para tratar el dolor severo. No hay una "dosis estándar". Algunas personas encuentran alivio con unos pocos miligramos de medicina. Otros individuos necesitan dosis más altas, y otros podrían necesitar más de varios cientos de miligramos. Trabaje con su médico o enfermera para encontrar la dosis adecuada. *La dosis correcta es aquella que alivia el dolor con la menor cantidad posible de efectos colaterales.*

La evaluación del dolor y su alivio ayuda a hacer los cambios correctos. Ayude a su médico y enfermera con la titulación al mantener una lista de las veces que se utilizan las medicaciones y calificando lo bien que funciona cada medicamento.

¿Qué clase de medicamentos alivian mejor el dolor?

El mejor medicamento depende de la clase de dolor y de la persona que lo padece. Dentro de los *grupos* de medicamentos hay muy poca diferencia en la habilidad de aliviar el dolor. En el grupo de medicinas no-esteroides antiinflamatorias o AINEs, dos tabletas de aspirina regular (de 325 mg cada una, sumando un total de 650 mg) brinda aproximadamente tanto alivio al dolor como dos tabletas de acetaminofén regular (de 325 mg cada una, sumando un total de 650 mg), o de una tableta de ibuprofén (200 mg).

La aspirina extra fuerte t el acetaminofén extra fuerte (500 mg en cada comprimido) son aproximadamente iguales en su poder de alivio al dolor. Comparar una dosis que alivie el dolor de un medicamento con la dosis de otro que alivie igualmente el dolor se llama *equianalgesia*.

Esta idea de "dosis igual en el alivio del dolor" también se aplica a medicamentos suministrados de maneras diferentes. La dosis que proporciona el mismo alivio a un dolor de un medicamento tomado oralmente (por la boca) es más alta que la dosis del mismo medicamento suministrado en una inyección en el músculo (intramuscular, o IM) o en la vena (intravenosa, o IV). Las pastillas y los líquidos tomados oralmente van primero al estómago y al hígado. Este último rompe parte del medicamento. Alrededor de dos tercios de la dosis es enviada fuera del cuerpo en desechos corporales; lo que queda va del hígado al torrente sanguíneo. El medicamento es entonces transportado por la sangre al cerebro, donde trabaja para disminuir los sentimientos de dolor.

El mismo medicamento suministrado en una inyección va directamente al torrente sanguíneo para comenzar a trabajar. Por este motivo, la dosis oral debe ser alrededor de tres veces más alta que la del mismo medicamento suministrado en una inyección para lograr la misma cantidad de alivio al dolor. En otras palabras, si el dolor es controlado con una inyección de 10 mg de morfina cada cuatro horas, se requerirán de 30 mg de morfina suministrada oralmente cada cuatro horas para aliviar la misma cantidad de dolor. Por lo tanto, cada vez que se cambie la manera en la que se suministra la medicina (llamada "vía de administración"), la dosis debe ajustarse para el mejor alivio al dolor. Si usted sufre de más dolor después de que se haya modificado su dosis de medicamento para el alivio del dolor de inyectada a oral, la dosis podría necesitar ser ajustada y usted debería avisar a su médico o enfermera al respecto.

Las tablas que aparecen a continuación muestran las dosis equivalentes aproximadas de los medicamentos utilizados comúnmente para tratar el dolor relacionado con el cáncer. Cada medicina y dosis aliviarán aproximadamente la misma cantidad de dolor. Compare las dosis cuando se agreguen medicinas nuevas a su plan, especialmente cuando se cambia la vía de administración. Un error común que cometen las enfermeras y los médicos en el manejo del dolor relacionado con el cáncer es cambiar de inyecciones a pastillas utilizando la misma dosis. En el caso de la mayor parte de los medicamentos, esto tiene como resultado que la dosis se disminuye en casi dos tercios. El dolor regresará porque la dosis no es lo suficientemente alta. Muchos médicos y enfermeras no están familiarizados con la dosificación equianalgésica. Comparta estas tablas con esos profesionales, o hábleles de los Lineamientos para el Manejo del Dolor Relacionado con el Cáncer AHCPR, que se encuentra en la sección Recursos al final del libro.

Los medicamentos para el dolor tomados oralmente requieren de entre cuarenta y cinco y sesenta minutos para comenzar a surtir efecto. Las inyecciones intramusculares (IM) comienzan a actuar en alrededor de quince a treinta minutos. Los medicamentos inyectados directamente en la vena (IV) comienzan a surtir efecto casi de inmediato. Se puede encontrar más información sobre las vías de administración de los medicamentos para el dolor en el Capítulo 4.

Otros medicamentos utilizados para el alivio del dolor

Los analgésicos solos no siempre producen un alivio total al dolor. El dolor causado por daño o irritación de los nervios podría no responder a los analgésicos. Algunas

Tabla 3: Estimado de dosis iguales de medicamentos utilizados para tratar dolor de leve a moderado

Medicamento	Dosis	Comentarios
Aspirina	650 mg	2 tabletas regulares
Acetaminofén	650 mg	2 tabletas regulares
Ibuprofén	200-400 mg	1 a 2 tabletas de mostrador
Ketoprofén	25 mg	1 tableta de mostrador
Trisalicilato de colina y magnesio	500 mg	1 tableta, por prescripción

Las comparaciones exactas no están disponibles. Estas dosis son comparaciones aproximadas basadas en la información de los fabricantes. Las respuestas, individuales pueden variar.

Tabla 4: Estimado de dosis iguales utilizadas para tratar el dolor de moderado a severo

Medicamento	Dosis oral	Dosis inyectada (IM, IV, SC)
Morfina	30 mg	10 mg
Hidromorfona	7.5 mg	1.5 mg
Hidrocodona	30 mg	no disponible
Oxicodona acción corta acción prolongada	30 mg 15 mg	no disponible no disponible
Metadona	20 mg	10 mg

(Adaptado de la Agency for Health Care Policy and Research. Lineamiento de práctica clínica nº 9. *Management of Cancer Pain*. Rockville, Md.; Departamento de Salud y Servicios Humanos de Estados Unidos, marzo de 1994.)

personas obtienen alivio a este dolor con medicamentos antidepresivos o anticonvulsivos. Los anticonvulsivos y antidepresivos requieren de varios días a semanas, o más, para comenzar a aliviar el dolor. Todavía no se sabe por qué estos medicamentos funcionan para algunas especies de dolor proveniente de los nervios, pero pueden ayudar a que un plan para el alivio del dolor tenga éxito.

Los medicamentos utilizados para tratar la ansiedad, los sedantes y algunas medicinas para el corazón también pueden ser de utilizad en el dolor proveniente de los nervios. La mexiletina (Mexitil), un medicamento que controla el ritmo cardiaco, ha sido utilizada para los dolores generados por las lesiones en los nervios cuando otros tratamientos para el dolor fallan. La codeína, capsaicina, y los antidepresivos han sido utilizados para el dolor en los nervios causado por la infección *herpes zoster*, o *culebrilla*. No todos obtienen alivio con estos medicamentos. Para otros, el dolor podría ser aliviado sólo por un corto tiempo. Pero en ocasiones el efecto es prologado. Aunque estos medicamentos no se ocupan del dolor en todos los casos, se suman al número de cosas que podemos usar para combatir el dolor relacionado con el cáncer.

Los medicamentos anti-inflamatorios llamados *corticoesteroides*, tales como la dexametasona (Decadrón) y la prednisona, disminuyen la inflamación relacionada con el cáncer que presiona la médula espinal o el cerebro. Los corticoesteroides pueden aumentar el apetito o causar la retención de líquidos u otros efectos colaterales. Siga cuidadosamente las instrucciones para tomar corticoesteroides. No deje de tomarlos sin hacérselo a saber al médico. Con la guía del médico o la enfermera, los corticoesteroides serán disminuidos con el tiempo hasta que la dosis sea casi de cero. Entonces se podrá dejar de tomar el medicamento.

Muchas personas tienen dolor relacionado con el cáncer que se extiende a los huesos. Si sólo está involucrada un área, la radioterapia puede eliminar el dolor. Un tratamiento relativamente nuevo para el dolor en los huesos involucra otra forma de radiación. Los medicamentos que contienen pequeñísimas partículas radioactivas (estrontium-89 o Metastron) se inyecta en una vena. La sangre lo lleva al área del hueso que ha sido dañada por el cáncer. Generalmente, un tratamiento funciona en unos pocos días (en ocasiones a las pocas horas). El alivio del dolor puede durar desde por unas pocas semanas a varios meses. El oncólogo sabrá si el dolor de huesos de una persona puede ser tratado con estrontium. Cuando la radiación o el estrontium no pueden ser usados, combinar un opiáceo con un anti-inflamatorio no-esteroide a menudo alivia el dolor del cáncer que se ha extendido al hueso.

Algunos tipos de dolor responden a otros medicamentos. La capsaicina (Zostrix o Capzaisin) tópica (aplicada a la piel) es una crema o ungüento elaborado de un químico que se encuentra en los chiles. Algunas personas lo encuentran de utilidad para calmar el dolor causado por la irritación o daño de los nervios, como en el dolor del herpes o culebrilla. Algunas mujeres encuentran que la crema de capsaicina alivia el dolor a largo plazo después de la mastectomía. También ha sido agregado a dulces y pastillas para las lesiones en la boca. En ocasiones funciona; en otras no. La capsaicina causa una sensación de ardor cuando se utiliza por primera vez. A algunas personas no les agrada esa sensación y abandonan el tratamiento. Otros encuentran que el ardor desaparece. Pida más información a su médico o enfermera.

Algunas personas consideran que la marihuana es útil para aliviar el dolor. Los estudios no apoyan su uso. La marihuana tiene poco efecto fisiológico sobre el dolor. Sin embargo, algunos ingredientes de la marihuana pueden ser útiles para aliviar las náuseas y los vómitos y mejoran la sensación de bienestar de algunas personas, haciendo que el dolor sea más fácil de soportar.

Qué tiene que saber sobre los medicamentos que toma

Familiarícese con los medicamentos que está tomando, el plan para tomarlos y todos los efectos colaterales potenciales. Infórmese de lo siguiente de cada medicamento que tome:

- Los nombres del medicamento (genérico y comercial).
- Para qué es el medicamento.
- Cuándo tomar el medicamento.
- Cómo tomar el medicamento.
- Qué reportarle al médico o enfermera.
- Cómo manejar los efectos colaterales.
- Qué no debería tomarse con el medicamento.
- Cualquier otra precaución.

Comprendiendo las prescripciones

Una prescripción para un medicamento es un papel legal que le dice al farmaceuta exactamente qué medicamento darle a una persona y las instrucciones para tomarlo.

Una prescripción tiene varias partes:

1. El nombre, dirección y fecha de nacimiento de la persona. Las prescripciones se dan a sólo una persona, y el nombre de ésta debe figurar en la misma.
2. La fecha. Algunas prescripciones deben ser surtidas en un tiempo específico o ya no son válidas. Pregunte si su prescripción tiene un límite de tiempo. En muchos estados limitan la cantidad de días que tiene para surtir una prescripción, especialmente aquellas utilizadas para tratar el dolor severo. Después de un cierto número de días (en algunos estados son siete días), la prescripción no puede surtirse.

3. La abreviación *Rx*. Esta aparece en todas las prescripciones y significa "tome usted". El término identifica al papel como prescripción.

4. El nombre del medicamento. El médico puede prescribir ya sea utilizando el nombre comercial o el genérico. El farmaceuta *debe* despachar exactamente lo que está escrito a no ser que el médico diga que está bien sustituir lo escrito con un producto similar. Con permiso, el farmaceuta puede sustituir con el medicamento comparable menos costoso. Cuando el médico escribe la prescripción utilizando el nombre genérico, el farmaceuta puede despachar la marca menos costosa de ese medicamento.

5. La cantidad. Esta puede estar escrita como "surtir" o como "#" (que significa "número") y que le dice al farmaceuta cuánta medicina debe entregar.

Nombre _____   Fecha _____

Dirección _____

_____   (D.O.B.) _____

Rx

Reposición _____ Se puede sustituir con _____

Firma _____   DEA# _____

---

6. Indicaciones para tomar el medicamento. Estas siguen a la abreviación *Sig*, que significa "etiqueta". Las instrucciones dicen exactamente cómo y cuándo tomar el medicamento.

7. Una nota sobre la cantidad de veces que se puede surtir la prescripción, si alguna. Por ejemplo: "Reposición: 6 veces" o "Reposición: x 6". Algunas prescripciones para el control del dolor severo no pueden volver a surtirse, se requiere de otra prescripción. Algunos estados limitan la cantidad de pastillas que se pueden surtir durante una cierta cantidad de tiempo. Estas reglas hacen que, en ocasiones, el manejo del dolor sea más difícil. Si usted tiene problemas en obtener lo que su médico o enfermera le prescribe, asegúrese de informárselo de inmediato.

8. Una nota o marca para designar si se puede sustituir con un producto más barato (vea el punto 4).

9. La firma y dirección del médico. En el caso de algunos medicamentos, también se apunta el número del médico para prescribir, o DEA. El DEA es un número que permite a un médico individual o enfermera prescribir ciertos medicamentos, tales como los opiáceos.

Surtir las prescripciones

Surta todas sus prescripciones en la misma farmacia. El farmaceuta deberá tener un registro de sus medicamentos y asegurarse de que se puedan tomar juntas. En ocasiones, la reposición de una prescripción puede llevar más de un día. Su farmacia local podría no tener en existencia todos los medicamentos para el dolor y podría tener que ordenarlos especialmente. Planee con anticipación la reposición a fin de evitar que se le acabe el medicamento. Asegúrese de tener las medicinas suficientes para los fines de semana o días feriados. Revise la cantidad de pastillas que le quedan antes de cada visita al médico, y pida otra prescripción antes de que se le acabe el medicamento. Las prescripciones para opiáceos no pueden encargarse por teléfono a la farmacia; se requiere de una prescripción médica por escrito cada vez que se compran.

Tomar medicamentos

Haga que le pongan por escrito todas las indicaciones y repítaselas al médico o enfermera. Asegúrese de comprender las instrucciones antes de abandonar el consultorio del médico. Escriba el nombre de cada medicamento y cómo se ve cada uno de ellos. Apunte por qué se le ha prescrito (por ejemplo, "control del dolor" o "función intestinal"). Haga una tabla para ayudarse a seguir la rutina. Apunte las horas a las que debe tomarse cada medicamento. Tache la hora después de tomar la dosis correspondiente.

Conserve los medicamentos en los empaques originales. No mezcle los medicamentos en un solo frasco o pastillero, ya que resultaría sencillo confundirse cuando se toman muchas medicinas. Si un medicamento recién repuesto no se ve igual al de la prescripción anterior, pregunte al farmaceuta (o a la enfermera) por qué ha cambiado.

Preocupaciones sobre el uso de medicamentos para el alivio del dolor

A muchas personas les preocupa tomar medicamentos para el dolor. El miedo a las adicciones hace que mucha gente sufra dolor. El público, y hasta algunos profesionales de la salud, siguen sin comprender la diferencia entre tolerancia, dependencia física y adicción. Los médicos, enfermeras, farmaceutas y otros que temen que una persona con cáncer se vuelva adicta a los medicamentos para el dolor no cuentan con la información actual sobre el control del dolor relacionado con el cáncer.

Preocupaciones sobre la adicción

El miedo de convertirse en "drogadicto" es el temor más común generado por el uso de analgésicos opiáceos o narcóticos. Esta preocupación es una idea antigua que hasta algunos médicos, enfermeras y farmaceutas siguen teniendo. Sin embargo, los estudios demuestran que la adicción es rara entre las personas que toman opiáceos para el control del dolor relacionado con el cáncer. La adicción no es un problema a no ser que la persona tenga antecedentes de abuso de sustancias.

La adicción es un problema psicológico que hace que la gente tome drogas *por motivos ajenos al alivio del dolor*. En otras palabras, la persona podría querer el medicamento para "viajar". Los expertos saben que la adicción no es un problema para las personas con dolor relacionado con el cáncer. Los estudios muestran que menos de una décima del uno por ciento de todas las personas a las que se les prescriben opiáceos para el dolor relacionado con el cáncer se vuelven adictas. Las personas con dolor relacionado con el cáncer utilizan los medicamentos para aliviarlo. Este uso no lleva a la adicción.

Tomar opiáceos con regularidad durante un tiempo sí causa dependencia física y tolerancia. La dependencia y la tolerancia difieren de la adicción. *Dependencia física* significa que si la medicina es retirada repentinamente se presenta la abstinencia física (inquietud, congestión nasal, diarrea, contracciones musculares y otros síntomas). *Tolerancia* es otro síntoma físico que se presenta cuando se ha utilizado un medicamento para el dolor durante un periodo de tiempo prolongado. El cuerpo "se acostumbra" al medicamento y se podrían necesitar aumentos pequeños de dosis para mantener controlado al dolor. La dependencia física y la tolerancia no son grandes problemas para las personas que sufren de dolor relacionado con el cáncer, y *no* causan adicción. Si se tiene que retirar la medicación por algún motivo, disminuir la dosis gradualmente en un cuarto al día eliminará la dependencia física y la tolerancia.

Preocupaciones sobre guardar los medicamentos fuertes para más adelante

Los analgésicos fuertes, como la morfina, solían suministrarse sólo cuando la persona estaba muriendo. Hasta se enseñaba a algunos médicos y enfermeras que estos medicamentos debían utilizarse sólo cuando se acercaba el momento de la muerte. Las medicinas fuertes eran "guardadas" hasta que el dolor era terrible o la muerte estaba cerca. En el presente, sabemos que estos medicamentos no son el último recurso. La morfina y los medicamentos similares pueden suministrarse en cualquier momento en el cual el dolor sea severo —para la cirugía, parto, dolor crónico y dolor relacionado con el cáncer. Nunca ha motivo para "reservar lo fuerte para el final". Con la ayuda de su médico o enfermera, las dosis de estos medicamentos pueden ser aumentadas tanto como sea necesario para aliviar la mayoría de los topos de dolor severo. Como ya dijimos, la dosis correcta es aquella que alivia el dolor con la menor cantidad de efectos secundarios.

Preocupaciones sobre no poder pensar con claridad

Las personas piensan mejor cuando el dolor no es un problema. De hecho, un estudio reciente muestra que el dolor causa confusión después de la cirugía en las personas de la tercera edad. Cuando la dosis es correcta, los medicamentos para el dolor no tienen por qué nublar el pensamiento. Algunos individuos tienen algunos problemas menores por varios días cuando inician el tratamiento con algunas medicinas; la mayoría se ajusta con rapidez. Las personas que toman medicamentos tales como la morfina para el dolor relacionado con el cáncer pueden trabajar, jugar y llevar vidas activas.

Preocupaciones sobre no poder dejar de tomar un medicamento

Las personas con dolor relacionado con el cáncer aumentan y disminuyen las dosis de medicamentos según cambie el dolor. Cuando éste desaparece, a la mayoría de las personas les desagrada la manera en la que las hace sentir los medicamentos para el dolor. El dolor "usa" el medicamento para el dolor en el cuerpo. Cuando el dolor desaparece, la dosis de los medicamentos se reduce gradualmente hasta que se retira. El siguiente es un ejemplo de cómo funciona:

Billy tiene cincuenta y cuatro años de edad y tiene leucemia (cáncer en la sangre que causa que se formen demasiados glóbulos blancos). Cuando su cuenta de glóbulos blancos sube demasiado, sufre de dolores severos. A medida que su cuenta de glóbulos blancos asciende, comienza a tomar morfina y aumenta la dosis gradualmente hasta que siente alivio. Antes de que comience a funcionar su tratamiento para la leucemia, necesita lo que se considerarían "altas" dosis (1000 mg de morfina de acción prolongada) dos veces al día para poder seguir trabajando. A medida que el tratamiento comienza a controlar su cáncer, trabaja con el médico para reducir la dosis de morfina hasta que ya no la toma. Entonces Billy continúa su vida sin la necesidad de medicinas para el dolor hasta que su cáncer vuelve. Toma medicamentos para el dolor sólo cuando siente dolor. Pasa semanas, y a veces meses, sin tomar medicamentos cuando su cáncer está bajo control. Ha manejado su dolor de esta manera por más de cinco años.

Preocupaciones de que el dolor severo sólo puede tratarse con inyecciones

Casi todo el dolor relacionado con el cáncer puede tratarse con el uso de tabletas o píldoras, siempre y cuando la persona pueda tragar, sus intestinos funcionen y esté despierta. La clave para aliviar el dolor con medicamentos orales es subir la dosis gradualmente hasta que el dolor ceda. En el pasado, los médicos y enfermeras no sabían sobre el incremento de las dosis de opiáceos para tratar el dolor severo. La primer dosis era, por lo general, la única dosis probada antes de cambiar a una vía de administración diferente, como las inyecciones. Ahora sabemos que no hay límite para el opiáceo, siempre y cuando la dosis se aumente con lentitud. Utilizar píldoras, tabletas o líquidos en dosis que alivien el dolor permite a las personas moverse con más facilidad. Para la mayoría de la gente, este plan es sencillo de seguir.

Los medicamentos suministrados a través de agujas, bombas y catéteres también necesitan ser aumentados hasta que el dolor ceda. Las medicinas suministradas de esta manera no son más poderosas que las píldoras o líquidos orales. En dosis comparables, cada método tienen la misma habilidad para aliviar el dolor.

No hay una manera correcta o un medicamento correcto para aliviar el dolor causado por el cáncer o el tratamiento de éste. El dolor de cada persona es diferente. El dolor podría cambiar día a día. Hay medicamentos que pueden utilizarse solos para aliviar el dolor. Dos o más medicinas pueden trabajar juntas para controlar el dolor. Las diferentes vías de administración —maneras de tomar los medicamentos— ofrecen todavía más posibilidades de tener éxito en el control del dolor. Añadir una o más de las "otras maneras de manejar el dolor" descritas en el Capítulo 5 pueden redondear el plan para el alivio del dolor. Los efectos físicos y mentales del cáncer y el dolor deben ser tomados en cuenta a fin de crear un plan de control del dolor que tenga las mejores posibilidades de éxito.

4

Cómo se suministra la medicina para el dolor

Puntos clave

- Hay una variedad de maneras en las cuales puede suministrarse un medicamento.
- La manera en la que se suministra el medicamento para el dolor debe satisfacer las necesidades de la persona con dolor.
- Cuando un método o vía no funciona bien, se puede utilizar otro.

Vías estándar de administración

Los medicamentos para el dolor son suministrados de una variedad de maneras, llamadas *vías de administración*. La vía escogida se basa en su habilidad para tomar la medicina. Las diferentes vías se describen a continuación y se comparan en la Tabla 1.

La vía oral

Tomar medicinas por la boca, la vía oral, es por mucho la manera más sencilla y barata de tomar medicamentos para el dolor. Casi todas las personas pueden manejar el dolor por completo con medicamentos orales. La mayoría de los medicamentos opiáceos y no-esteroides anti-inflamatorios pueden ser suministrados por la vía oral.

Los medicamentos orales tienen presentaciones en forma de píldoras, cápsulas y líquido. Los niños podrían preferir los medicamentos líquidos. Las tabletas y cápsulas podrían estar hechas de manera tal que la medicina sea liberada gradualmente en lo que se llama forma de *liberación controlada*. Los medicamentos de liberación controlada deben suministrarse enteros a fin de que trabajen de la manera adecuada.

Sólo muy pocas personas necesitan usar otras vías de administración durante una enfermedad. La gente que tiene problemas para tragar podría no estar en posibilidades de tomar píldoras o líquidos. Los problemas digestivos pueden bloquear o disminuir la acción de algunos medicamentos. Las llagas en la boca o una garganta inflamada pueden hacer que tragar sea difícil o doloroso. Además, muchas personas necesitan usar más de una vía para mantener el dolor bajo control durante las últimas pocas semanas de vida. Cuando el medicamento no puede suministrarse por vía oral, se podría probar la vía rectal o transdérmica.

La vía rectal

En la vía rectal, el medicamento es introducido en el recto en forma de supositorio. El supositorio, que está compuesto de una sustancia azucarada con el medicamento adicionado, se derrite a causa del calor corporal y libera la medicina. La morfina, la hidromorfona y la oximorfona, son medicamentos para el alivio del dolor que vienen en presentación de supositorios.

La vía transdérmica

Otro tipo de medicamento para el dolor se coloca en un parche especial que se pega a la piel. Con el tiempo, la medicina penetra la piel y es absorbida por el cuerpo. Hasta ahora, el único medicamento para el dolor disponible en esta presentación es el fentanil (Duragesic). La vía transdérmica es buena para las personas que no pueden utilizar la oral.

Las vías parenterales

Los medicamentos que pueden ser inyectados en el músculo o vena son llamados medicamentos parenterales.

La inyección en el músculo, llamada *inyección intramuscular* o *IM*, es una manera común de suministrar muchos medicamentos y vacunas. Sin embargo, no es una buena manera de suministrar medicamentos para el dolor. No sólo que los medicamentos intramusculares requieren de más tiempo para hacer efecto, sino que las inyecciones también son dolorosas y pueden aumentar el riesgo de infecciones.

Los medicamentos pueden ser inyectados justo debajo de la piel en los tejidos *subcutáneos* (SQ, Sub-Q, o SC). Esta vía puede ser alternativa a la intramuscular, la intravenosa o la oral. La vía subcutánea puede usarse cuando se espera que la necesidad del manejo de dolor sea por tiempo limitado o si no se puede utilizar la vía intravenosa. Una infusión continua de medicina se hace utilizando la ruta subcutánea, y la medicina es absorbida lentamente al torrente sanguíneo a través de los tejidos.

En la vía *intravenosa* o *IV*, el medicamento es inyectado directamente en la vena. Utilizado continuamente, esta vía logra un nivel parejo de medicamento en el torrente sanguíneo, ofrece un inicio rápido del alivio del dolor y permite cambios rápidos de dosis. La ruta intravenosa requiere acceso constante a las venas.

En la vía *intraespinal*, el medicamento es inyectado en el fluido medular. Hay técnicas permanentes y temporales para suministrar medicamentos intraespinales. Los especialistas en el dolor trabajarán con el paciente y sus profesionales de la salud para decidir qué forma de sistema intraespinal tiene más posibilidades de éxito.

En la vía *intraventricular*, los medicamentos se colocan en una de las cinco pequeñas bolsas dentro del cerebro llamadas *ventrículos*. Esto requiere de la colocación de un dispositivo especial (llamado *reserva subcutánea*) justo bajo el cuero cabelludo que almacena y luego transfiere el medicamento al ventrículo. O una bomba podría liberar medicamento al ventrículo continuamente. La vía intraventricular es bastante nueva y todavía no ha sido utilizada en un gran número de personas.

Analgesia controlada por el paciente

La analgesia controlada por el paciente (ACP) es exactamente lo que implica el nombre: un sistema de bombeo que permite que la persona que recibe el medicamento controle la cantidad que recibe. La analgesia controlada por el paciente puede utilizarse con medicamentos orales, o se puede utilizar una bomba especial para suministrar medicina por vía subcutánea, intravenosa, o intraespinal. Una dosis es suministrada a través de una infusión constante y continua. Además, el paciente puede tratar el *dolor recurrente* por sí mismo al utilizar un *bolo* o *dosis extra*. La analgesia controlada por el paciente permite que la persona ajuste el medicamento para el dolor como sea necesario para controlar el dolor que se presenta con los cambios de posición y la actividad. Por ejemplo, una persona podría utilizar este método para obtener un poco más de medicamento justo antes de que se le haga un procedimiento que cause más dolor o incomodidad. La analgesia controlada por el paciente es segura para las personas que se encuentren en el hospital o en su casa. Sin embargo, no debe ser utilizado por las personas que están confundidas o somnolientas.

Comparación de las vías de administración

Oral: Utilizada cuando la persona puede tragar y el sistema digestivo funciona normalmente

Ventajas

- Fácil de tomar.
- Conveniente.
- Efectiva.
- Menos costosa.

Desventajas

- Es necesario recordar tomar los medicamentos a la hora establecida.
- A medida que la dosis aumenta, tal vez sea necesario tragar muchas pastillas.
- Algunos seguros podrían no cubrir los medicamentos orales.

Consejo

- Lleve el registro de los horarios y cuándo son tomadas las medicinas.
- Revise con su compañía de seguros si cubre los medicamentos orales.
- Informe a su médico o enfermera si la cantidad de pastillas que deben tomarse constituyen un problema.

Transdérmica: utilizada cuando una persona no puede tomar medicamentos orales y/o cuando la persona ya está en terapia con opiáceos y el nivel de dolor es relativamente constante

Ventajas

- Es posible la dosificación flexible.
- Un parche contiene medicamento para setenta y dos horas.

Desventajas

- Llegar a la dosis correcta requiere de tiempo.
- Se puede alcanzar una dosis máxima.
- A menudo se requiere de otro medicamento para tratar al dolor recurrente.
- No es adecuado para las personas que requieren cambios rápidos de dosis.
- Algunas personas podrían necesitar cambiarse el parche cada cuarenta y ocho horas.

Consejo

- Aquellos que necesitan dosis más altas pueden cambiar ésta a una vía oral, subcutánea o intravenosa.

Rectal (supositorios): se utiliza cuando una persona sufre de náuseas o vómitos, no puede tragar o está ayunando antes o después de una cirugía

Ventajas

- Simple de usar.
- Bajo costo.
- Puede ser colocado en un estoma (una apertura abdominal al intestino que en ocasiones se practica durante la cirugía para el cáncer de colon o recto, o para ayudar a una obstrucción intestinal).

Desventajas

- Evitar en casos de llagas en el recto o alrededor del ano.
- No se puede utilizar cuando hay diarrea.
- Podría ser difícil de colocar en su lugar para las personas ancianas o incapacitadas.
- A algunas personas no les agrada esta vía de administración.

Consejos

- Al cambiar de la vía oral a la recta, comience con la misma dosis y auméntela como sea necesario.

Inyección intramuscular (IM): utilizada cuando se espera que las necesidades del control del dolor duren sólo unos pocos días —como en el caso de después de una cirugía

Ventajas

- Rápida de administrar.

Desventajas

- Difícil de predecir el tiempo de acción.
- Es fuente de dolor, o al menos de incomodidad.
- El lugar de la inyección podría permitir la entrada de gérmenes y causar infecciones.
- Es necesario saber inyectar.

Consejos

- La inyección intramuscular rara vez es usada en el manejo del dolor relacionado con el cáncer.
- Consulte a su médico o enfermera sobre el uso de otra vía de administración.

Inyección e infusión subcutáneas (SQ o SC): una alternativa a la inyección intramuscular o a la infusión intravenosa

Ventajas

- Levemente menos costosa que la intravenosa.
- Menos compleja que la intravenosa.
- Menos problemas potenciales que la intravenosa.

Desventajas

- El uso que hace el cuerpo de la medicina no es confiable.
- Requiere un dispositivo de acceso.
- Requiere de habilidades para el cuidado y manejo del equipo.
- Puede causar irritación en la piel.
- Mayor riesgo de infecciones.
- Costo más elevado que el de los medicamentos por vía oral.

Consejos

- Asegúrese de que no se puedan utilizar vías menos costosas y más convenientes.
- Consulte con su médico o enfermera sobre el uso de una vía diferente.

Infusión intravenosa (IV): utilizada cuando una persona que sufre de náuseas y vómitos constantes, no puede tragar, tiene dolor en la boca y garganta, está confundida o tiene cambios en su estado mental que prohíben que trague medicamentos, necesita dosis altas que significan tragar muchas tabletas, o cuando son necesarios los cambios rápidos en las dosis y éstos se llevan a cabo con frecuencia

Ventajas

- Menos dolor que las inyecciones intramusculares o subcutáneas.
- No hay demora en la asimilación del medicamento.
- Acción confiable y efectiva.
- Rápido inicio de la acción.
- Provee un nivel constante de alivio del dolor.

Desventajas

- Requiere un dispositivo de acceso intravenoso o catéter.
- Requiere que se aprenda lo necesario para manejar y cuidar el equipo.
- Puede causar irritación de la vena o piel.

- Mayor riesgo de infecciones.
- Costo más alto que la vía oral.

Consejos

- Asegúrese de que no se puedan usar rutas menos costosas y más convenientes.

- Consute con el médico o enfermera sobre utilizar rutas menos costosas y más convenientes.

Analgesia controlada por el paciente (ACO): por lo general se refiere a una infusión intramuscular utilizando un sistema de bombeo con el paciente al control de las dosis extras para el dolor recurrente, pero puede aplicarse libremente a cualquier sistema de alivio al dolor (incluyendo el oral y el subcutáneo) que controle el paciente

Ventajas

- Las dosis extras pueden administrase si regresa el dolor.
- Se puede suministrar una dosis extra antes de procedimientos, análisis o actividades planeadas que aumenten el dolor.
- Ofrece control al paciente.

Desventajas

- Las mismas de la vía intravenosa.

Consejos

- Los mismos de la vía intravenosa.

Intraespinal: utilizada cuando el dolor no puede ser controlado por ninguna otra vía, o cuando los efectos colaterales, como la confusión o la náusea limitan los aumentos de dosis utilizando otras vías

Ventajas

- Se puede esperar un buen alivio al dolor en la mayoría de la gente.
- Una dosis más baja de medicamento puede significar menos efectos colaterales.

Desventajas

- Requiere de un médico y una enfermera que tengan mucha experiencia en el uso de esta técnica.
- Se requieren técnicas exactas.
- Requiere del apoyo familiar y profesional.
- No está disponible en todos los entornos.
- Extremadamente costosa.

Consejo

- Antes de considerar esta vía, el historial del paciente debería mostrar que las dosis máximas de opiáceos y coanalgésicos suministradas por otras vías no han controlado el dolor.

Intraventricular: utilizado cuando el dolor relacionado con los cánceres y tumores de la cabeza y el cuello que afectan al plexo branquial no se pueden controlar a través de ninguna otra vía

Ventajas

- Podría ser útil cuando todas las demás medidas han fracasado en el control del dolor.

Desventajas

- Hasta la fecha hay experiencia limitada.
- Lo mismo que con la vía intraespinal.

Consejos

- Lo mismo que con la vía intraespinal.

5

Otras maneras de controlar el dolor

Puntos clave

- Hay muchas cosas que puede hacer usted solo para ayudar a aliviar el dolor relacionado con el cáncer.
- Muchas medidas de cuidado personal no cuestan nada más que su tiempo.
- Los amigos y miembros de la familia pueden ayudar con algunos de estos métodos.
- Se pueden utilizar uno o más de estos métodos en conjunción con los medicamentos para aliviar el dolor.
- Es raro que el dolor no pueda ser aliviado con el uso de medicamentos para aliviar el dolor y una o más de estas medidas de cuidado personal.
- Sólo pocas personas necesitan medidas complejas para el alivio del dolor tales como bloqueos de nervios o cirugía que corta las conexiones nerviosas.

Además del uso de medicinas, existen muchas técnicas que pueden ayudarlo a sentirse y, de hecho, estar, más en control del dolor. Estas ideas para el manejo del dolor pueden utilizarse con los medicamentos, pero son poderosas aun en el caso de que usen solas. Pueden ayudar a que funcionen mejor tanto los medicamentos de mostrador como los que requieren de prescripción médica. Muchas de estas técnicas ofrecen la ventaja de ser portátiles: puede llevarlas o utilizarlas donde quiera, en cualquier momento. Algunas no cuestan ni un peso. Muchas no requieren ni prescripción médica ni siquiera la participación del médico. Pueden requerir que usted aprenda algunas habilidades nuevas y se encuentre abierto a nuevas ideas o maneras de hacer las cosas.

Algunas de estas técnicas se llaman métodos de *sanación naturales, alternativos, holísticos,* o *complementarios.* Estos incluyen al masaje, la visualización, la relajación y la hipnosis. Utilizar el calor o el frío como terapia es tan viejo como el tiempo mismo. La música a menudo se agrega a un plan de tratamiento en el manejo del dolor y otros síntomas, y esto parece ayudar a mucha gente. El ejercicio ofrece muchos beneficios. En este capítulo revisaremos estos métodos y algunas de las habilidades básicas necesarias para añadir estas técnicas a un plan de control del dolor.

Masaje

El masaje es una antigua técnica de sanación; toma muchas formas: una simple frotada de espalda, parte de un plan de rehabilitación para un tobillo luxado, el masaje en todo el cuerpo que se da en los spas. Lo que tienen en común todos los tipos de masaje es que involucran en contacto —por lo general una persona tocando y ocupándose de otra. Una buena frotada de espalda es comunicación sin palabras. Aumenta la circulación de la sangre y el tono de la piel y alivia la tensión. Por supuesto, una persona puede masajearse a sí misma, pero esto no se parece en nada al placentero toque cariñoso de otra persona.

Aunque los terapeutas del masaje han tenido un entrenamiento especial, la mayoría de las personas pueden dar un masaje sencillo. La espalda es fácil de alcanzar y, debido al número de músculos que contiene, es ideal para un masaje. Se puede añadir *vibración* al masaje al utilizar un masajeador o vibrador eléctrico. La vibración con calor puede aplicarse con un masajeador eléctrico que tenga un elemento de calor.

Cómo dar un gran masaje de espalda

(Adaptado de Michelson, D., *Giving a great back rub. American Journal of Nursing*, julio de 1978.)

1. *Prepare los implementos (loción, aceite o polvo —no talco).* Algunas personas prefieren aceites perfumados o lociones; a otros les gusta que no tengan aroma; y otros prefieren el polvo. El aceite mineral o vegetal son recomendados por los expertos, Entibie el recipiente sosteniéndolo bajo el agua caliente por algunos minutos. A algunas personas también les encanta la sensación de una toalla o sábana tibia.

2. *Ayude a la persona a asumir una posición cómoda.* La posición habitual es acostarse boca a abajo o sobre un costado.

3. *Encuentre una posición cómoda para usted mismo.* Si trabaja en una posición forzada, podría apurarse a terminar el masaje.

4. *Asegúrese de que sus manos estén tibias y relajadas.*

5. *Descubra la espalda y cintura de la persona.* Acomode la toalla o sábana cubriendo la parte inferior de la espalda.

6. *Coloque sus manos en la espalda de la persona*. Mantenga quietas sus manos por algunos segundos.

7. *Inicie con un masaje suave para aplicar el aceite o la loción*. Coloque sus manos en la parte inferior de la espalda con los dedos apuntando hacia el cuello de la persona. Mueva sus manos derecho hacia arriba, subiendo por la espalda, manteniendo el contacto todo el tiempo.

8. *Cuando llegue al cuerpo, separe las manos y masajee los omóplatos.*

9. *Baje las manos por los costados de la persona*. Repita la secuencia varias veces.

10. *Nunca aplique presión directa sobre la columna.*

11. *En la espalda inferior trabaje con sus pulgares*. Utilice sus pulgares para dar masajes cortos, rápidos en dirección contraria a usted y hacia la cabeza de la persona. Trabaje cerca de la columna justo debajo de la cintura —primero sobre un costado, luego sobre el otro.

12. *Deslice sus manos hasta la parte superior de los hombros*. Con ambas manos amase (apriete y suelte) la parte superior de la espalda y el área de los hombros. Utilice una presión media, y siga la respuesta de la persona: si el masajeo parece sentirse realmente bien, sosténgalo por unos momentos.

13. *Coloque una mano sobre cada lado de la cadera, casi al nivel de la cama.*

14. *Al mismo tiempo, mueva ambas manos hacia arriba y sobre la espalda*. Coloque cada mano donde ha estado la otra y avance ascendentemente por la espalda, recorriéndola toda.

15. *Estire los dedos de las manos y masajee de la espalda media a la superior y los hombros.*

16. *Apriete suavemente la parte superior de los brazos y los músculos de éstos*. Repita esto varias veces en cada brazo.

17. *Coloque su mano derecha en la espalda inferior, justo a la derecha de la columna, con sus dedos señalando hacia la cabeza.* Coloque su mano izquierda sobre la derecha.

18. *Haga un gran círculo con ambas manos:* siga la cintura hasta la cama, baje por el costado de la cadera y suba hasta la cintura. Vuelva a la cintura junto a la columna. (Podría sentirse mejor si aumenta un poco la presión que utiliza con esta parte del masaje.) Repita lo anterior varias veces en ambos lados, revirtiendo la posición de sus manos cuando masajee el lado izquierdo.

19. *Manteniendo sus manos planas, masajee toda la espalda suavemente, desde el cuello hasta el cóccix.*

20. *Para terminar con el masaje de espalda,* coloque su mano derecha suavemente en la parte trasera del cuello de la persona y la izquierda sobre el cóccix. Haga una pausa y mueva levemente su mano izquierda. Retire ambas manos al mismo tiempo con mucha suavidad.

Toque terapéutico

En muchas personas, el toque terapéutico funciona para el alivio del dolor después de la cirugía, para reducir el dolor en general y para disminuir la ansiedad, el estrés y los dolores de cabeza. El toque terapéutico es una nueva versión de la "imposición de manos". El contacto, como arte sanatorio, es mencionado en el Nuevo Testamento de la Biblia, y ha sido utilizado por las mujeres sanadoras por siglos. Esta técnica involucra un sistema organizado introducido en Estados Unidos por Dolores Krieger, una profesora de enfermería de la Universidad de Nueva York. Su método asume que una enfermedad es ocasionada por un desequilibrio en el sistema energético de la persona. El "terapeuta" se calma y guarda silencio, escuchando con sus manos y "sintonizándose" con la persona. El terapeuta utiliza sus manos para recorrer el cuerpo de la persona, en ocasiones tocándola, y canaliza energías con la intención de ayudar o sanar.

Musicoterapia

La terapia con música es la aplicación sistemática de música para ayudar en el tratamiento de los aspectos físicos y psicológicos de la enfermedad. Durante la Segunda Guerra Mundial, se descubrió que la música calmaba a los soldados. Desde entonces, la música se ha utilizado en muchos entornos de cuidado a la salud.

La National Association for Music Therapy[9] fue fundado en 1950, y ahora hay más de sesenta colegios y universidades estadounidenses que ofrecen títulos en musicoterapia. Los terapeutas de esta disciplina combinan los gustos musicales de la persona, canciones y artistas favoritos, y los efectos de la música en el estado de ánimo de ella, a fon de crear un programa de musicoterapia para cada individuo. Los musicoterapeutas se están involucrando cada vez más en el cuidado de pacientes con cáncer, especialmente en centros de cancerología en hospitales grandes y centros médicos.

Los principios básicos de la musicoterapia pueden utilizarse en cualquiera. La música puede ayudar a la gente a relajarse, y puede disminuir la ansiedad, la náusea y los vómitos. La gente que utiliza audífonos durante la cirugía o procedimientos o análisis dolorosos reportan que escuchar su música favorita puede ayudar a reducir el dolor.

---

[9] Asociación Nacional de Musicoterapia (Nota de la Trad.).

La música también disminuye la tensión muscular al cubrir los ruidos perturbadores.

Los instrumentos musicales que son fáciles de tocar ofrecen hasta al neófito una posibilidad creativa. Hacer música con amigos o con miembros de la familia, y tocar instrumentos como triángulos, teclados eléctricos y guitarra ofrece una experiencia especial para todos.

En su forma más simple, todo lo que se requiere para la musicoterapia es un reproductor de cintas o de discos compactos con audífonos, discos compactos o cintas grabadas. Escoja la música que se ajuste a las necesidades, estados de ánimo y gusto de la persona.

Algunas personas hacen sus propias cintas para ajustarse a las necesidades y estado mental de la persona, y añaden pistas que reflejan un estado más relajado. Haga una grabación de entre veinte y treinta minutos de duración.

Experimente con música. Escuche música en diferentes momentos del día. Vea qué sucede cuando escucha varios tipos de música. Pase alrededor de veinte minutos escuchando cada tipo de ésta y luego evalúe sus respuestas.

Cuanto más a menudo utilice la música para relajarse, más útil se volverá. Añada música a las actividades rutinarias, tales como durante el baño o después de la ducha matutina.

Para más información sobre musicoterapia, contacte a la National Association for Music Therapy, 8455 Colesville Road, Suite 930, Silver Spring, MD 20910, Estados Unidos.

Visualización

La visualización permite a la gente utilizar su imaginación para ir a un lugar seguro y cómodo. Una vez que se adquiere un poco de práctica, a través de la visualización, pueden ir a su lugar seguro cada vez que quieran. La visualización en ocasión se utiliza para ayudar a las personas a relajarse. Algunos la incorporan a su programa anticáncer general, utilizándola para aumentar la habilidad del cuerpo para combatir el cáncer. (Para más información sobre el uso de la visualización de esta manera, lea *Getting Well Again*, de Simonton, Simonton y Creighton, 1978.)

Para encontrar su lugar seguro, pruebe este ejercicio:

Modelos de Visualización para encontrar un lugar seguro

(Adaptado de Dossey, B. M. *Imagery: Awakening the inner Healer*. En *Holistic Nursing: A Handbook for Practice*, 2ª Edición. Frederick, Md.: Aspen Publishers, 1995.)

1. Deje que su imaginación escoja un lugar que sea seguro y cómodo, un lugar en el cual se pueda retirar cada vez que quiera. Este lugar es importante y lo ayudará a sobrevivir a los estresores diarios. En cualquier momento en el que lo necesite, diríjase a este lugar en su mente.

2. Forme una imagen clara de una escena agradable al aire libre. Utilice todos sus sentidos. Huela las flores, sienta la brisa. Sienta la textura de la superficie bajo sus pies. Escuche todos los sonidos de la naturaleza, los pájaros cantando, el viento soplando. Vea todo lo que lo rodea mientras gira lentamente para lograr un panorama completo de este lugar especial.

3. Deje que un rayo de luz, como los rayos del sol, brille sobre usted para que lo conforte y lo sane. Déjese sentir la calidez y la relajación.

Distracción

La distracción —desviar la atención hacia otra cosa— puede ayudar a una persona a funcionar a pesar del dolor. Intente cualquiera de las siguientes ideas para distraer la atención del dolor:

- Cambie de actividad —haga algo diferente por un rato.
- Escuchar música.
- Leer.
- Concentrarse en otra persona.
- Salir a caminar.
- Tomar una siesta o acostarse.
- Escribir.
- Concentrarse en una actividad que lo haga pensar mientras hace algo —como tocar un instrumento musical o dedicarse a una artesanía.
- Aprender algo nuevo.

La guía de visualización que sigue es una técnica de distracción que toma entre diez y veinte minutos para completarse.

"Recorra su cuerpo y reúna todos los dolores, molestias u otros síntomas y forme una pelota con ellos. Comience a cambiar su tamaño... deje que se haga más grande... sólo imagine lo grande que puede hacerla. Ahora achíquela. Vea cuán pequeña puede hacerla. ¿Es posible reducirla al tamaño de un grano de arena? Ahora permita que se mueva lentamente fuera de su cuerpo, alejándose cada vez más cada vez que exhala. Note la experiencia con cada exhalación mientras el dolor se aleja." (Dossey, B. M., como se citó antes.)

Relajación

Los métodos de relajación —incluyendo la respiración tranquila, la respiración profunda y la relajación progresiva— pueden ayudar a una persona a aprender habilidades de manejo que le ofrezcan un sentimiento de control y bienestar. Estas técnicas deben ayudar con el dolor que se inicia en los músculos o en otros tejidos profundos. Los métodos de relajación funcionan bien con la visualización para desviar la atención del dolor. La respiración profunda y la relajación progresiva puede practicarse cada vez que la persona sienta la necesidad de controlar el estrés, de relajarse o de ordenar sus pensamientos. Un médico, psicólogo, enfermera o terapeuta físico puede enseñar las técnicas de relajación siguientes como así algunas otras.

Respiración profunda

1. Siéntese en una posición cómoda sin cruzar las piernas o pies.
2. Ponga una mano sobre el pecho y la otra sobre el abdomen, justo debajo de la cintura, sobre el estómago.
3. Inhale profundamente por la nariz. Esto hará que su abdomen se expanda y haga elevar la mano que acomodó sobre el abdomen.
4. Una vez que su abdomen se haya expandido, deje que se expanda su pecho y mueva la mano que apoyó allí.
5. Contenga el aire por unos pocos segundos.
6. Exhale lentamente haciendo un sonido de soplido a través de sus labios.
7. Repita varias veces lentamente.

Relajación progresiva

1. Siéntese en una posición cómoda.
2. Cierre los ojos.
3. Respire lentamente, tensando sus músculos cada vez que inhala y relajándolos cada vez que exhala.
4. Comience con los músculos de sus pies. Recorra todos los músculos de su cuerpo utilizando el ciclo de tensar y relajar.

Calor

El calor, especialmente el húmedo, puede disminuir el dolor causado por los músculos inflamados y los espasmos musculares. El calor puede aplicarse utilizando bolsas de gel calentadas en agua caliente; botellas de agua caliente; una toalla húmeda caliente; una compresa eléctrica; o un baño, tina de hidromasajes o regadera. Una compresa caliente que crea su propia humedad (llamada *hidrocompresa*) es una manera sencilla de aplicar calor húmedo. Para las articulaciones doloridas, envuelva la zona afectada en celofán (como los autoadhesivos que se utilizan en la cocina envolver alimentos) y pegue el plástico. Esto ayuda a mantener el calor y la humedad del cuerpo. Siga los siguientes lineamientos cuando utilice tratamientos con calor:

- *No utilice el calor sobre un área de tratamiento con radioterapia, y otras áreas que tengan sensibilidad disminuida.*
- Tenga cuidado de no quemar o dañar la piel. Tenga especial precaución si es diabético.
- Si se llegara a quemar o aumentase el dolor, detenga la aplicación del calor y consulte con un médico o enfermera.

- Coloque una toalla suave o tela entre la compresa y la piel.
- Utilice la compresa de calor por *una hora o menos* por vez.
- Utilice la compresa eléctrica a una temperatura *no más alta que la media (M)*.
- Tenga cuidado cuando utilice una compresa eléctrica si está tomando medicamentos que le producen somnolencia o su área a ser tratada está poco sensible.
- Remueva la compresa de calor antes de irse a dormir.
- Limite la terapia de calor a diez minutos por vez. Pruebe con diez minutos cada dos horas.
- Espere al menos veinticuatro horas antes de aplicar calor a la piel que se ha lesionado, cortado, inyectado o que haya sometido a cualquier otro procedimiento "invasivo".
- Si el calor no alivia el dolor o lo empeora, intente aplicar una compresa fría.

Frío

El frío puede reducir los espasmos musculares generados por problemas en las articulaciones o nervios irritados. El frío es el principal tratamiento para el dolor causado por tejidos inflamados u otras hinchazones. El frío puede detener la urgencia por rascar una comezón. En ocasiones, el frío puede aliviar el dolor más rápido y por más tiempo que el calor.

Las almohadillas de plástico rellenas de gel y selladas proveen una manera sencilla de aplicar frío a una parte adolorida del cuerpo. Envuelva la almohadilla con una capa de tela suave o con una toalla a fin de que sea cómoda al contacto con la piel. Mantenga la almohadilla en su lugar envolviéndola alrededor de la parte del cuerpo a tratar con una venda elástica de seis pulgadas. Estas son reusables y pueden mantenerse en el refrigerador o congelador cuando no se estén usando. También es fácil y barato fabricar su propia almohadilla fría: mezcle un tercio de agua de alcohol con dos tercios de taza de agua en una bolsa plástica sellable. Coloque la bolsa en el congelador hasta que la mezcla forme una especie de escarcha. La almohadilla casera está lista para usarse. Puede volver a congelarse y a utilizarse algunas veces. Una bolsa de hielo o cubos de hielo pueden envolverse en una toalla y también funcionarán bien. Siga los siguientes lineamientos cuando utilice tratamientos de frío:

- *No utilice el frío sobre ningún área en la que se esté aplicando radioterapia.*
- Si la piel se irrita o el dolor aumenta, deje de utilizar la terapia de frío e informe a su médico o enfermera.
- Limite la terapia de frío a diez minutos.
- Evite usar el frío sobre un área en la que la circulación sea mala o si hay insensibilidad.
- Si el frío causa temblores, detenga el tratamiento de inmediato.
- No utilice un frío tan extremo como para que cause dolor.

Preparaciones de mentol

Las preparaciones de mentol —cremas, lociones, linimentos o gel que contienen mentol— son frotadas en la piel. Estas aumentan la circulación de sangre en el área y producen una sensación tibia —a veces fresca— que es calmante y dura por varias horas. Las marcas comunes incluyen Ben-Gay, Tiger Balm, Icy Hot, Heet Vicks Vaporub y Mineral Ice.

Antes de aplicar un producto de mentol a una gran superficie de piel, haga una prueba de piel. Frote una cantidad pequeña en un círculo de una pulgada en el área del dolor para ver si el mentol irrita la piel o causa algún otro problema. Espere al menos treinta minutos. Si no se han presentado señales de enrojecimiento o hinchazón, frote más producto en el área. Utilizar un producto de mentol justo después de una ducha tibia o envolver el área con celofán de cocina después de aplicarlo, puede aumentar el tiempo que dura el efecto del mentol. Algunos productos de mentol contienen un ingrediente similar a la aspirina. Si le han recomendado no tomar aspirinas, consulte con el médico o enfermera antes de utilizar un producto de mentol. *No use una compresa caliente sobre un producto con mentol, puede causar una quemadura.*

Biorretroalimentación

Los métodos de biorretroalimentación utilizan máquinas especiales para ayudar a la gente a controlar algunas funciones corporales, tales como el ritmo cardiaco, la presión sanguínea y la tensión muscular. La tensión en los músculos, articulaciones y tejidos conectivos es una reacción normal al dolor. De hecho, la tensión puede aumentar la sensibilidad al dolor La reducción de la tensión a través de la biorretroalimentación a menudo se usa junto con otras medidas para el alivio del dolor.

En la biorretroalimentación, el sonido y la visión proveen la retroalimentación a las funciones corporales (o biológicas). Es de allí de donde proviene el término *biorretroalimentación*. La máquina de biorretroalimentación da información visual y auditiva inmediata sobre si los músculos se están tensando o destensando. Esto ayuda a la gente a aprender cómo relajar sus músculos. Durante la sesión de biorretroalimentación, se adhieren a la superficie de la piel electrodos. La persona aprende a detectar los cambios negativos en el cuerpo y a revertirlos antes de que causen más dolor. De esta manera, la biorretroalimentación puede ayudar a la persona a sentirse más en control.

El médico, enfermera, trabajador social, terapeuta físico, u otros profesionales de la salud pueden ayudar a localizar a un colega que tenga experiencia en la enseñanza y utilización de la biorretroalimentación. Para que esta técnica funcione, la persona que la utiliza debe tener práctica. Aunque la biorretroalimentación no funciona para todos, es un arma más en el combate contra el dolor relacionado con el cáncer.

Acupuntura y acupresión

La acupresión es una técnica de sanación asiática que incluye la forma japonesa, llamada *shiatsu*, y a la *reflexología*. La acupresión puede ser útil en el manejo del dolor y del estrés y puede ser realizada por cualquier persona. Las investigaciones muestran que las endorfinas, las sustancias naturales del cuerpo semejantes a la morfina, se liberan cuando se presionan, calientan o se estimulan con agujas los puntos reflejos. De acuerdo a la teoría de la acupresión, los puntos reflejos o tsubos, son puntos de menor resistencia eléctrica que siguen los canales energéticos del cuerpo. Estos canales forman el sistema de meridianos. Se presionan estos puntos o meridianos para liberar la energía bloqueada, o chi. La estimulación de los tsubos, el meridiano, o una porción de un meridiano, o varios, puede mejorar el flujo de energía y afectar a órganos que encuentras lejos del área que está siendo estimulada. Durante la acupresión, los puntos reflejos son estimulados con una presión suave y firme por unos pocos minutos o hasta que desaparezca la tensión.

La acupuntura evolucionó de la acupresión. En la acupuntura se insertan agujas muy finas justo por debajo de la piel para aliviar el dolor y abrir el flujo de energía. Algunos practicantes estimulan los puntos pasando pequeñas descargas eléctricas por las agujas a fin de estimular las terminaciones nerviosas eléctricamente (técnica llamada *electroacupuntura*) lo que, en teoría causa una producción mayor de endorfinas. La acupuntura es suministrada por practicantes con licencia.

Ejercicio

A menudo se aconseja a las personas con cáncer que descansen y que se relajen. Los periodos largos de cama y la actividad disminuida, sin embargo, pueden resultar en la pérdida de función y energía. La gente que hace ejercicio tiene menos tensión, ansiedad, depresión y fatiga. El ejercicio también puede ayudar a controlar las náuseas que están relacionadas a la quimioterapia o a la radioterapia.

Los programas de ejercicios deberían iniciarse *solo* después de una revisión médica, incluyendo un examen de otros factores de salud como función cardiaca, presión sanguínea y problemas con rodillas, tobillos o espalda. Los síntomas que podrían evitar que una persona inicie un programa de ejercicio, y que sugieren la necesidad de una revisión médica más a fondo, incluyen los siguientes:

- un pulso irregular o de más de cien latidos por minuto en descanso.

- dolores o calambres frecuentes en las piernas.
- dolor en el pecho.
- rápido inicio de la sensación de náusea durante el ejercicio.
- mareos, vista nublada o sensación de debilidad.
- dolor en los huesos, espalda o cuello que sea nuevo.
- fiebre.
- falta de aliento/agitación.

Para las personas con acceso a una alberca o playa, nadar o simplemente moverse en el agua es una forma de ejercicio buena, relajadora, y hasta reconfortante. Consulte a su médico o enfermera antes de nadar, especialmente si le han colocado un dispositivo de acceso vascular, lesiones en la piel u otras cosas que signifiquen un riesgo de infección.

Caminar es un ejercicio sencillo y bueno. Los zapatos deben estar diseñados para caminar o correr, con una media-suela suave y suela antiderrapante. Deberían ser de agujetas (o cerrarse con cierres de Velcro) y tener un interior suave que no cause ampollas o llagas. Use ropas sueltas cuando camine, en invierno, un sombrero o gorro evitará la pérdida de calor.

Humor

La risa y el buen humor son importantes para el manejo del dolor y la sanación. La gente que disfruta de buen humor también tiene más ánimo y un sentido mayor de bienestar. El buen humor también aumenta la actividad del sistema inmunológico que parece ayudar en la prevención de infecciones. Ayuda a aliviar el enojo, la ansiedad y la tensión. El buen humor y la risa mejoran la respiración y las funciones cardiacas y de los vasos sanguíneos; la estructura muscular y ósea y su función; la producción de hormonas, y la función inmunológica. Un programa de tratamiento en el Centro Médico Ciudad de la Esperanza en Duarte, California, alentaba a la gente a utilizar grabaciones de comediantes tales como Will Rogers, Jack Benny y Erma Bombeck.

Animales y terapia de mascotas

Los amantes de los animales ya saben, a algún nivel, que el lazo entre las personas y los animales es bueno. Cada vez más se explora este concepto como base para una terapia legítima. Esta historia se publicó en un jornal de enfermería:

> *Jack, de ocho años de edad, fue hospitalizado por más de tres meses. Se le practicaron varios procedimientos y cirugías. Sufrió bastante dolor y a menudo estaba asustado, lo que empeoraba el dolor. Un gentil perro de terapia English Setter llamado Perri comenzó a visitarlo. Durante estas visitas, Jack estaba relajado y juguetón. Dejó de pedir medicamentos para el dolor durante las visitas de Perri, y su sentimiento de calma eventualmente se extendió a otros momentos del día. (Barba, B. E. Animal-assisted therapy in acute care. Clinical Nurse Specialist 9(4): 199-202, 1995.)*

Los estudios demuestran que los animales mejoran el bienestar de los ancianos, incapacitados y personas hospitalizadas. Los beneficios físicos de estar con animales incluyen una presión sanguínea y un ritmo cardiaco más bajos y una menor tensión en los músculos. Los animales pueden ayudar a reducir el estrés y la ansiedad e invitar a la gente a socializar. Las mascotas nos hacen reír, disminuyen nuestra soledad, nos hacen sentir a salvo y nos alientan a hacer ejercicio. Los animales también pueden elevar nuestra autoestima: ofrecen aceptación incondicional, y nuestra apariencia física y manera de hablar no son importantes para ellos. Cada vez son más las instituciones del cuidado a la salud —incluyendo hospicios y unidades de oncología y cuidado intensivo— están incluyendo la terapia con mascotas en su lista de servicios. Un animal puede hacer que un entorno clínico se sienta más como nuestro hogar. Ya sea que la mascota tenga escamas, plumas o pelaje, muchas personas dicen que se sienten mejor cuando hay un animal presente.

Para más información sobre la terapia asistida con animales, consulte a la Delta Society, P.O. Box 1080, Renton, WA 98057.

Hipnosis

La hipnosis es un trance que ofrece un estado de alerta intensa y concentración enfocada. Aunque la hipnosis requiere de la ayuda de un terapeuta capacitado, puede cambiar la manera en la cual se percibe el dolor, reducir la ansiedad y aumentar la capacidad para salir adelante. Se ha encontrado de utilidad en los niños que están pasando por procedimientos dolorosos tales como punciones lumbares, aspiración de médula y biopsias. Los adultos han encontrado que hipnotizarse a sí mismos (también llamado *autohipnosis*) utilizando grabaciones es útil en el manejo de algunos tipos de dolor. La autohipnosis ofrece un sentimiento de control sobre el dolor y otros síntomas. Se han hecho pocos estudios para evaluar el valor de la hipnosis en el control del dolor relacionado con el cáncer y no es posible predecir a quién puede ayudar.

Neuroestimulación

La neuroestimulación (estimulación eléctrica transcutánea de los tejidos nerviosos) es un método de proporcionar alivio al dolor al aplicar estimulación eléctrica a la piel. Se aplican corrientes eléctricas suaves a las áreas de la piel a través de un dispositivo eléctrico pequeño conectado a electrodos. El zumbido y cosquilleo, o sensación de golpecitos, parece interferir con las sensaciones de dolor. La corriente puede ser ajustada subiéndola o bajándola a fin de que la sensación sea agradable y también alivie el dolor. La neuroestimulación todavía no ha sido ampliamente utilizada para el dolor relacionado con el cáncer, pero unos pocos estudios han reportado buenos resultados. Un médico, enfermera o terapeuta físico puede ayudar a decidir si es probable que la neuroestimulación ayude a calmar su dolor. El médico prescribe el uso de neuroestimulación y el fisioterapeuta la aplica, se instruye sobre su uso correcto y monitorea sus resultados.

Otros enfoques

Bloqueo de los nervios

Un bloqueo de los nervios es una opción para alguien con dolor severo que no ha sido controlado por otros medios más simples. Un anestésico local, esteroide (como la cortisona) o alcohol es inyectado en el nervio o alrededor del mismo, y el nervio ya no puede transmitir dolor. Los anestésicos locales y las inyecciones de cortisona ofrecen un alivio al dolor que dura de varios días a unos pocos meses. El fenol o el alcohol ofrecen un alivio más largo. Bloquear un nervio con fenol o alcohol puede producir la parálisis permanente del músculo y la perdida de toda la sensación en el área afectada. El éxito de un bloqueo nervioso depende de la habilidad del médico que practique el procedimiento.

Cirugía

Cuando el dolor sigue siendo severo después de que han fallado todas las demás terapias para el dolor, hay operaciones que se pueden utilizar para aliviar el dolor. En general, este tipo de cirugía corta los pasajes nerviosos —los caminos que comunican el sentimiento de dolor al cerebro. Un neurocirujano (un médico que se especializa en cirugía de los nervios y el sistema nervioso) puede cortar un nervio cerca de la médula espinal, un procedimiento llamado *rizotomía*. O se podrían cortar manojos de nervios en la médula espinal misma, lo que se llama *cordotomía*.

Este tipo de cirugía se practica sólo después de un estudio serio. Una vez cortados, los nervios no pueden volver a unirse. Cuando los nervios que transmiten el dolor son destruidos, podría dejarse de sentir la temperatura y la presión. La función y la sensación que normalmente estaban controlados por ese nervio, o grupo de nervios, se pierde para siempre. Además, la persona es más propensa a lesiones, debido a que ya no cuenta con la protección ofrecida por los reflejos naturales.

Ablación pituitaria

El dolor que está extendido y que no ha sido controlado por otros métodos, podría responder a la destrucción de la pituitaria, una glándula del tamaño de un chícharo que se encuentra en la base del cerebro. La pituitaria controla la producción de hormonas. Dado que algunos tumores y síndromes de dolor se relacionan con las hormonas, destruir la pituitaria puede limitar los efectos de las hormonas, disminuyendo así los niveles del dolor. Se inyecta un químico directamente en la pituitaria, destruyéndola. El alivio del dolor se presenta con rapidez. Claramente, esta técnica tiene complicaciones y efectos colaterales serios.

En nuestras propias vidas, cada uno de nosotros descubre cosas que simplemente nos hacen sentir mejor. Todos tenemos recuerdos agradables que nos pueden confortar. Podría haber técnicas u otras cosas que hayan hechos sus padres cuando usted era niño para "hacer que el dolor se fuera". Intente esas cosas ahora. O podría encontrar su propio método para el alivio del dolor. Puede compartir su éxito para ayudar a otros que sufren dolor. Algo que es bueno recordar cuando tiene dolor es que no está solo. Hay muchos métodos que probar, y siempre hay ayuda. *El cáncer no tiene que doler.*

6

Encontrar y obtener lo mejor del tratamiento contra el dolor relacionado con el cáncer

Puntos clave

- Un enfoque de equipo generalmente es lo mejor para el manejo efectivo del dolor.
- La persona con dolor es el director del equipo para el manejo del dolor.
- Formular preguntas nunca es una molestia.
- Hablar de los problemas y preocupaciones es crucial para el manejo exitoso del dolor.
- Prepararse para una visita al médico o enfermera asegura que ésta sea más efectiva.
- Nunca hay un momento en el que no se pueda hacer más para aliviar el dolor.

Mi hija estaba siendo atendida por un médico del cáncer, un especialista en ojos, un endocrinólogo, un urólogo, un anestesiólogo, un trabajador social, una enfermera y una psicóloga, y nadie estaba tratando su dolor. Lo que es peor, todos me decían que hiciera algo diferente. Yo no quería hacer una escena o causar problemas, temía que hablar comprometiera el cuidado de mi hija, pero tenía que hacer algo. Empecé a escribir muchas cosas sobre su dolor en una libreta. La llevaba conmigo cada vez que veía a algún profesional. Palomeaba las preguntas cuando me las respondían. También les pedía a todos que me escribieran las instrucciones en la libreta. Llevaba un panfleto sobre el tratamiento del dolor relacionado con el cáncer. Algunos miembros de mi familia pensaban que estaba llegando demasiado lejos. Parte de las personas que cuidaban a mi hija no se sentían felices. Pero cuando yo me sentía confundida sacaba la libreta. Le pedía a cada persona que cuidaba a mi hija que leyera las indicaciones de los demás y que escribiesen las propias. Hasta ellos se sorprendían de lo confusos que eran los mensajes.

Era muy difícil decirles a esas personas que no estaban haciendo un buen trabajo en la atención al dolor de mi hija. Me preocupaba mucho sobre lo que pensarían. Me daba miedo que nos abandonaran. Si no hubiese sido por su dolor, no pienso que podría haberlo hecho. Pero tenía que hacer algo. ¡Sin embargo, pasó la cosa más maravillosa! Después de un tiempo, todos comenzaron a pedir el libro y quisieron saber qué estaba sucediendo. Hablaron y pusieron a una persona a cargo de la coordinación de todos los planes, a fin de que todos supiesen qué estaba pasando. Y lo mejor de todo es que el dolor de mi hija comenzó a ceder. Ella podía hacer algunas de las cosas que tienen que hacer los niños, aunque tenga cáncer. Luego comenzaron a utilizar la idea de "la libreta" para otras personas con dolor. Realmente me hizo sentir bien saber que también estaba ayudando a otros. ¡Valió la pena todo el sueño que perdí preocupándome sobre cómo hablar con ellos! Y, lo más importante, ayudó a aliviar el dolor de mi hija.

Encontrar alivio efectivo para el dolor relacionado con el cáncer

A menudo, las personas con cáncer son atendidas por varios profesionales de la salud, incluyendo al médico familiar, a los especialistas en cáncer, enfermeras, terapeutas y otros. Algunos son tratados en grandes centros para el cáncer. Alrededor del ochenta por ciento de todas las personas con cáncer buscan la ayuda de los médicos de sus propias comunidades.

Sería ideal que todos los profesionales de la salud estuviesen al tanto de la información más actualizada sobre el control del dolor relacionado con el cáncer. Lamentablemente, este no es el caso. Estudios recientes demuestran que el dolor relacionado con el cáncer es mal tratado, aún por algunos especialistas en cáncer. Algunos no comprenden que el dolor relacionado con el cáncer *puede* ser aliviado. Ningún médico, enfermera o farmaceuta puede saberlo todo sobre los problemas de salud. Encontrar un proveedor de cuidado a la salud puede ser todo un desafío. En ocasiones, los planes de los seguros médicos limitan la elección. A veces son los viajes, el tiempo, o saber adónde ir lo que se interpone.

Formular preguntas puede ayudarlo a encontrar a alguien que esté interesado en el control de su dolor y sepa qué hacer. A continuación encontrará una lista de preguntas que pueden ayudarlo a saber cuánto interés y habilidad tiene un profesional de la salud en el manejo del dolor relacionado con el cáncer. Añada a la lista sus propias preguntas.

- ¿Qué piensa sobre el dolor relacionado con el cáncer?
- ¿Cómo trata el dolor relacionado con el cáncer?
- ¿Es importante aquí el manejo del dolor?
- ¿Quiénes forman parte del equipo?
- ¿Qué pasa si mi dolor no es aliviado con el tratamiento usual?
- ¿Se considera aquí como emergencia al dolor severo?
- ¿A quién llamo fuera del horario de consultas?
- ¿Cuánto participo yo en el plan de manejo del dolor?
- ¿Se utiliza alguna herramienta de evaluación? ¿Cuál?
- ¿Recibiré indicaciones por escrito?
- ¿Quién me enseñará lo necesario sobre el plan?
- ¿Cómo se les comunica el plan a los demás?
- ¿Siguen ustedes los lineamientos de la Agency for Health Care Policy and Research y la Investigación?
- ¿Quién me puede ayudar cuando usted no esté?
- ¿Qué pasa si mi dolor no desaparece?

El equipo de dolor relacionado con el cáncer: quién participa en él y quién está a cargo

El manejo del dolor funciona mejor cuando todos los involucrados en su cuidado conocen el plan. *Enfoque de equipo* y *atención coordinada* son frases que describen a los profesionales de la salud que trabajan juntos para planear y brindar atención. Un enfoque de equipo utiliza las habilidades y talentos de cada una de las personas que participan en atenderlo. Si usted es atendido por más de un médico o enfermera, asegúrese de que hablen entre sí sobre el manejo de su dolor. Cuando no se utiliza un enfoque de equipo, hay posibilidades de confusión. Las personas podrían recibir un plan diferente de cada uno de los profesionales que la atienden. Un plan podría trabajar en contra de otro. El trabajo en equipo es el que logra los mejores resultados.

La persona con dolor es el director de cualquier equipo para el control del mismo. Sólo la persona que siente el dolor sabe cuando éste se alivia y qué plan es el más sencillo de seguir. Los médicos, enfermeras, farmaceutas, trabajadores sociales, psicólogos, miembros de la familia y otros pueden ser miembros del equipo para el control del dolor. Cada miembro tiene un papel definido que cumplir. El médico a menudo es quien prescribe los medicamentos para el dolor. El fisioterapeuta podría trabajar para estirar los músculos tensionados que podrían empeorar el dolor. La enfermera ayuda a evaluar el dolor, enseña el plan, y trabaja con la persona con dolor para asegurarse de que el plan sea el correcto. El psicólogo puede enseñar ejercicios de relajación o ayudar a manejar el estrés y la ansiedad. Las visitas a cada miembro del equipo por separado pueden ayudar a que cada uno de ellos lo conozcan mejor a usted y comprendan su problema de dolor. Cuando todas estas personas planean y trabajan juntas, las posibilidades para un mejor alivio del dolor aumentan.

Muchas cosas ayudan a mejorar el control del dolor. El alivio del dolor es mejor si los miembros del equipo ofrecen, cada uno, ideas sobre que funcionará mejor y todos hablan con usted para elaborar un plan. Un buen plan incluye información sobre cómo aliviar el dolor, a quién llamar, cuándo llamar, y qué reportar. El buen manejo del dolor identifica al dolor severo como una emergencia, con ayuda disponible las veinticuatro horas del día.

Cada persona con dolor es única. Los especialistas en dolor están de acuerdo en que la persona con dolor es la experta. Mientras que lo anterior es cierto, cada miembro del equipo debe también "poseer" el dolor. Cada persona proporcionando atención debe sentirse responsable y comprender el plan, y todos deben ser responsables de escuchar cuidadosamente a los reportes sobre el dolor de una persona. Un profesional de la salud responsable regresa los llamados telefónicos con prontitud y hace cuidadosamente los ajustes necesarios en el plan tal como sea necesario.

La mayor parte de los dolores puede ser controlado por cualquier médico, enfermera u otro profesional de la salud en Estados Unidos que tenga buena información sobre el manejo del dolor relacionado con el cáncer. La información precisa es fácil de encontrar. La Agency for Health Care Policy and Research es una división del Departamento de Salud y Servicios Humanos de Estados Unidos. La Agency for Health Care Policy and Research publica un recurso para profesionales que ofrece lineamientos de práctica clínica para el control del dolor relacionado con el cáncer y que cuesta sólo unos pocos dólares. La Guía del Paciente de la Agency for Health Care Policy and Research es gratis. Para pedir la Guía del Paciente, llamen al 1-800-4-CANCER. Otras sugerencias están incluidas en la sección de recursos al final de este libro.

Un enfoque de grupo puede ser informal o formal. Los médicos, enfermeras y otros que regularmente hablan sobre el control del dolor de una persona pueden ser un equipo. Sin embargo, cuando los médicos y enfermeras no pueden controlar el dolor utilizando la información que conocen, una referencia a los especialistas del dolor puede ayudar. Algunas instituciones para el cuidado a la salud ofrecen equipos de dolor, consultores, clínicas de dolor o servicios para el dolor. Estos servicios no siempre son necesarios para el control del dolor relacionado por el cáncer. Pero cuando el dolor no es controlado, los especialistas en dolor podrían ayudar.

Evaluando los servicios, las clínicas y los programas para el dolor

Los programas, clínicas y servicios para el dolor están surgiendo por todas partes. Muchos están conectados con instituciones para el cuidado de la salud. Algunos son prácticas privadas. La mayoría de los programas para el dolor tratan al dolor crónico, como el dolor de espalda, de cabeza y otros dolores no relacionados con el cáncer. Algunos tratan todo tipo de dolor, incluyendo al relacionado con el cáncer. Algunos se especializan solamente en el dolor relacionado con el cáncer y del manejo de los síntomas. Otros ofrecen sólo un tipo de terapia para el dolor, tal como la acupuntura o el bloqueo de los nervios.

Los miembros del equipo del dolor deben ser médicos que se especialicen en cáncer (oncólogos), el sistema nervioso (neurocirujanos o neurólogos), o anestesia (anestesiólogos). Otros tipos de proveedores que se especializan en el dolor incluyen a las enfermeras, los farmaceutas, los psicólogos. Los quiropractas y los fisioterapeutas. Otros proveedores, que tienen un interés especial en el dolor pero que no se especializan formalmente en una de las anteriores áreas, también pueden participar en el manejo del dolor relacionado con el cáncer.

Un buen servicio, o una buena clínica, para el dolor relacionado con el cáncer ofrece ayuda a partir de más de un tipo de profesional de la salud; esto se llama atención *multidisciplinaria* o *interdisciplinaria*. Utilizar el conocimiento y las habilidades de más de una especialidad mejora las opciones para el control del dolor. Primero, y antes que nada, busque un programa que lo incluya a usted en el desarrollo de un plan para su cuidado. Seleccione un programa que trate al dolor relacionado con el cáncer la mayor parte del tiempo y en el que usted sea atendido por más de un tipo de profesional. Asegúrese de que cada profesional de la salud participe en la planeación de su programa para el alivio del dolor. En general, tenga cuidado con los servicios que ofrecen sólo un tipo de tratamiento o que involucren a un solo profesional. El dolor es complejo, y el buen alivio del dolor involucra el uso de una variedad de recursos. Además, el programa debe designar a una programa como responsable para coordinar su atención.

Asegúrese de que haya una manera de reportar que el dolor ha mejorado o empeorado. Pregunte sobre las visitas de seguimiento. El ser referido a una clínica que ofrece un "solo servicio" está bien cuando otro profesional de la salud está controlando el plan de control del dolor. Por ejemplo, cuando los medicamentos no alivian el dolor causado por el cáncer pancreático, un bloqueo de los nervios podría mejorar la comodidad de algunas personas, y es adecuado que se las refiera a un neurocirujano o anestesiólogo que puedan practicar esta técnica.

A continuación se encuentra una lista de lo que puede buscar o esperar encontrar en un buen programa, servicio o clínica de manejo del dolor.

- Gente que trate el dolor relacionado con el cáncer con regularmente.
- El uso de un enfoque de equipo que incluya ayuda de una variedad de profesionales.
- La inclusión de la persona con dolor en la planeación del programa para el manejo del dolor.
- Atención de problemas las veinticuatro horas.
- Devolución rápida de los llamados telefónicos.
- Contacto regular para revisar el alivio del dolor.

- La inclusión de un examen físico completo.
- Preguntas sobre los efectos del dolor en su vida.
- Preguntas sobre la manera en la cual está soportando el dolor.
- Una revisión de los análisis y estudios hechos con anterioridad y la orden de nuevos estudios si son necesarios.
- El uso de una evaluación estándar.
- La designación de una persona para coordinar la atención que le brinde.

Más sobre los miembros del equipo: quién hace qué

Los miembros del equipo de atención al dolor provienen de muchas disciplinas de la salud diferentes. Cada uno tiene un papel y un trabajo diferente que hacer, pero cada miembro y cada tarea es parte de un sistema organizado que funciona para encontrar la mejor manera de controlar su dolor.

Los médicos diagnostican y tratan los problemas médicos y planean el cuidado médico. Están autorizados para prescribir medicamentos. Por lo general, una persona tiene a un médico general (médico primario) y es referido a otros especialistas según sea necesario. En los hospitales pequeños, o en los comunitarios, los papeles pueden estar definidos con bastante claridad. Es posible que haya un médico, una enfermera, un farmaceuta y, tal vez, un trabajador social y un psicólogo. Las cosas se complican más en los centros médicos grandes y en los hospitales universitarios. Muchas instituciones ofrecen experiencia para los estudiantes que se capacitan para ser médicos. Los estudiantes y los médicos tienen títulos diferentes, dependiendo de su educación. *El médico clínico* ha terminado sus estudios y está totalmente calificado para planear el cuidado médico. Es el responsable de los estudiantes de medicina en entrenamiento. *Los generales* son aquellos facultativos que están continuando su capacitación en un área específica, como el cáncer o el control del dolor. Cuando un asociado completa su capacitación es un médico general y es considerado un especialista. *Los residentes* son médicos que han terminado la carrera y están en su segundo, tercer o cuarto año de práctica después de haber terminado la universidad. *Los internos* son facultativos en su primer año práctica después de haber terminado la universidad. *Los estudiantes de medicina* están estudiando para convertirse en médicos. En ocasiones, es agotador y confuso ver a muchos facultativos diferentes. Si sus mensajes son distintos o poco claros, pregunte al médico general. Este es el facultativo que está a cargo de su cuidado médico.

Las enfermeras están educadas para cuidar a los pacientes y poner en práctica el plan médico. En los hospitales, *las enfermeras registradas* coordinan la atención, administran los tratamientos y medicamentos, enseñan y dan consejería. Explican lo que está sucediendo y cómo cuidarse a uno mismo. Las enfermeras a menudo son coordinadoras en las clínicas y servicios para el dolor. En ocasiones, con la ayuda de los trabajadores sociales, las enfermeras trabajan con los pacientes y sus familias para planear los cuidados en el hogar. Esto se llama *planeación para el alta*. *Las enfermeras profesionales registradas* (ER) reciben su licencia de cada estado. *Las enfermeras prácticas registradas* (EPR) y las enfermeras vocacionales licenciadas (EVL), trabajan bajo la dirección de las enfermeras registradas. *Las enfermeras de práctica avanzada* en el cuidado del cáncer y el manejo del dolor (enfermeras practicantes y enfermeras clínicas especialistas) tienen educación adicional (por lo general una maestría) más allá de la educación básica en enfermería. En algunos estados, las enfermeras de práctica avanzada pueden prescribir medicamentos y hacerse cargo de la atención de la salud.

A menudo, los farmaceutas también se unen al equipo. Ellos ayudan a decidir qué medicina se ajusta mejor al plan, surten las prescripciones, enseñan sobre los medicamentos y aconsejan sobre medicinas de mostrador.

Los trabajadores sociales y los psicólogos en ocasiones también son miembros del equipo. Ayudan a la gente a manejar los efectos del dolor. Algunos enseñan métodos tales como la relajación, la visualización y la autohipnosis para controlar el dolor. Los trabajadores sociales médicos ayudan a la gente y a sus familias a enfrentar la enfermedad. Los trabajadores sociales ayudan a encontrar el equipo médico, apoyan en el cuidado del paciente en el hogar, transporte, asistencia financiera y otros recursos.

Los fisioterapeutas ayudan con la fuerza y el movimiento. Diseñan ejercicios que aumentan la comodidad. Además de la gente ya enumerada, otras personas pueden unirse al equipo a medida que sus servicios y talentos se requieran para el control del dolor.

El papel de usted en el equipo

Recuerde, la persona con dolor es un miembro del equipo. ¡De hecho, la persona con dolor es el *director* del equipo! Asegúrese de discutir sus necesidades y deseos sobre el control del dolor. Haga saber al equipo si alguna parte del plan no tiene sentido para usted. Manténgalos informados sobre su dolor y el alivio del mismo. ¡Sea un miembro activo en el equipo!

Saque el mayor provecho de su visita médica

Las visitas al médico pueden ser muy útiles o muy desconcertantes. Para lograr los mejores resultados, asuma un papel activo durante la misma. Describa su dolor, intentos por aliviarlo, qué funciona y qué no, y todos los efectos colaterales y otros problemas que haya tenido con el plan. Comparta abiertamente la información de su evaluación. No sienta que ha hablado por demasiado tiempo y no se sienta apurado. Escriba la información a fin de poder revisarla más tarde. Planee con anticipación para sacar el mayor provecho de su visita médica.

Comunicación

Las investigaciones muestran que las personas se sienten mejor y reciben una atención más completa cuando sienten que hablan bien con el médico. La comunicación es un proceso de dos vías en el cual cada persona debe tanto hablar como escuchar.

Los buenos comunicadores formulan preguntas a las que no se puede responder con un sí o no. Las mejores preguntas requieren de respuestas que dan información y detalles. Por ejemplo, la pregunta "¿Cómo está hoy?" puede ser contestada con una palabra como "bien", "regular" o "mal". No es necesario dar ningún otro detalle. Pero "Dígame qué está pasando con su dolor el día de hoy" invita a una respuesta más informativa.

Los buenos comunicadores utilizan palabras que son fáciles de entender. En ocasiones, los profesionales de la salud se olvidan de que la mayoría de la gente no comprende los términos médicos. Recuerde a los demás que utilicen palabras que usted comprenda cuando explican las cosas. Pida una explicación de cada palabra que no entienda. Todos los términos médicos pueden ser explicados con palabras no-médicas. En ocasiones, los dibujos o fotografías ayudan. Siga preguntando hasta que le quede claro. Las preguntas tontas no existen. Una vez que una explicación tenga sentido, tal vez quiera pedirla por escrito a fin de poder revisarla posteriormente.

Insista en ser tratado como un individuo y no como un número o una enfermedad. Describa su trabajo y a su familia. Explique lo que funciona mejor para usted y cómo quiere ser tratado. Haga saber a los demás cuánta información quiere, y dígales cómo aprende mejor las cosas nuevas. ¿Aprende mejor con ilustraciones? ¿Cuándo le muestran? ¿Leyendo? También haga saber a los otros cuáles son sus metas. ¿Qué quiere que pase como resultado de esta visita? ¿Qué quiere que pase como resultado del cuidado que le proporcionarán? Encuentre a un profesional que se ajuste a usted y a sus necesidades. Si su situación le ofrece pocas posibilidades de elección, al menos haga saber sus necesidades a su facultativo. Si usted no explica qué necesita, probablemente no lo obtendrá.

Espere atención total para sus problemas. No permita que otros apuren sus visitas. Insista en un lugar privado para las discusiones importantes, el pasillo o el escritorio de la recepción no son el lugar adecuado para hablar de asuntos personales. No se vaya hasta que sus preguntas hayan sido contestadas por completo y haya tenido la oportunidad de compartir la información que desee compartir.

Muchas personas se sienten nerviosas o ansiosas cuando visitan al médico, lo que podría dificultar que recuerden qué pasó durante la visita. Aun cuando presta atención, podría no escuchar lo que se está diciendo. Haga lo necesario por comprender. Pida al médico o enfermera que repita las cosas. Tome notas. Mejor aún, hágase acompañar por un familiar o amigo para que escuche y tome notas.

Dígale al médico o enfermera que alguien lo acompaña y que desea que esté presente durante la visita.

Considere grabar las discusiones importantes. Informe al médico o enfermera que quiere grabar la visita. La grabación le permite escuchar lo hablado en otro momento, y tantas veces como le resulte necesario para comprender lo que se ha dicho. Compartir la grabación con sus seres queridos les permite escuchar el mismo mensaje. Algunas personas videograban las sesiones importantes. Dado que estar ante una cámara es incómodo para mucha gente, hable de esta opción con su profesional de la salud con anticipación.

Los médicos y enfermeras también son personas. Tienen días malos y días buenos. Hable con ellos cuando su plan necesita un cambio, e infórmeles cuando sus consejos hayan servido. Compartir el respeto desarrollará la confianza.

Entonces, por un lado, usted necesita exigir un cierto nivel de cuidado y atención a sus necesidades. Por el otro, como miembro del equipo, usted también tiene responsabilidades. Puede cubrir ambos objetivos organizándose y preparándose para cada visita al médico. La siguiente lista sugiere maneras de prepararse para su visita.

- Prepárese antes de salir.
- Escriba sus preguntas con anticipación y llévelas con usted.
- Considere la posibilidad de grabar las discusiones importantes.
- Haga que lo acompañe alguien para que lo ayude a escuchar.
- Hable francamente con el médico o enfermera.
- Trabaje hacia la confianza y el respeto mutuo.
- Reporte lo que realmente está sucediendo —¡todo!
- Tome notas durante la visita.
- Repita lo que cree haber escuchado.

- No se vaya del consultorio médico hasta que todas sus preguntas hayan sido contestadas.
- Insista en la privacidad.
- Diga cuánta información quiere tener.
- Pida las definiciones de los términos médicos.
- Pregunte qué ayuda adicional está disponible.
- Pregunte qué puede hacer usted para ayudar.
- Asuma un papel activo en su cuidado.
- No permita que otras personas lo hagan sentir apurado.
- Comprenda bien el plan y su seguimiento antes de abandonar el consultorio médico.

Cuándo llamar al médico

Para muchas personas, llamar al médico no es muy sencillo. Prepararse con anticipación hace que el llamado sea más útil. Llame si las instrucciones no están claras o si se siente confundido respecto a lo que se dijo. No espere hasta la siguiente visita si el dolor no se ha aliviado. Planee de antemano tener suficiente medicamento para los fines de semana y los feriados, y surta sus recetas con anticipación. Además, llame a su médico sobre el control del dolor relacionado con el cáncer por cualquiera de las siguientes razones:

- Si el dolor no cede.
- Si el dolor empeora.
- Si se presenta un nuevo dolor.
- Si se acaba el efecto del medicamento antes de que sea la hora de la siguiente dosis.
- Si experimenta algún efecto secundario que sean problemáticos.
- Si se siente demasiado somnoliento como para mantener los ojos abiertos o no puede permanecer despierto durante una conversación.

- Si no ha movido los intestinos por dos días mientras toma opiáceos.
- Si el dolor es constante, en un punto y empeora.
- Si el dolor lo hace gritar, quedarse inmóvil o doblarse.
- Si hay un nuevo enrojecimiento, inflamación o pus.
- Si tiene urticaria, ronchas o sarpullido.
- Si está viendo cosas que no están allí.
- Si experimenta movimientos musculares involuntarios (tirones o sacudidas).

¿Que debería decir si llamo a causa del dolor?

Antes de llamar al médico o enfermera a causa de un dolor, elabore una lista de cualquier problema que tenga y de todas las medicinas que esté tomando. Apunte las horas exactas a las que ha estado tomando cada medicamento para el dolor durante los dos últimos días, incluyendo la hora de su última dosis. Ponga por escrito cualquier otra cosa que haya intentado para aliviar el dolor y cómo funcionó. Califique el dolor ahora y justo después de tomar la medicina. Dé una calificación para lo más que se ha calmado el dolor y para lo peor que ha estado durante los últimos dos días. Tenga preparado el número de teléfono y nombre de su farmacia a mano. Coloque los medicamentos en un lugar fácil de alcanzar cuando esté hablando por teléfono. Informe de cualquier efecto colateral producido por los medicamentos o por el dolor.

Cuando hable con el médico o enfermera, diga su nombre y describa lo que está pasando. Por ejemplo: *"Habla Jim Murphy. Me están atendiendo un cáncer y estoy sufriendo dolor. Estoy tomando el medicamento que me prescribieron (diga el nombre y dosis si puede, exactamente como especifica el empaque de la medicina) y mi dolor es de 8 en una escala del 0 al 10. Desde ayer el dolor no ha bajado de 7. He intentado utilizar calor y relajación, sin ningún resultado. Tengo problemas para dormir. Mis intestinos funcionan bien. ¿Qué cambios tengo que hacer?"*

Antes de llamar por teléfono al médico, piense en cada pregunta de la siguiente lista:

- ¿Por cuánto tiempo el dolor ha sido un problema?
- ¿Dónde está el dolor? ¿Se ubica en más de un punto?
- ¿Cuán severo es el dolor? Califique el dolor y el alivio del dolor.
- Describa el dolor en palabras.
- ¿Es abrasador o se siente como una descarga eléctrica?
- ¿Hay adormecimiento o cosquilleo?
- ¿Con qué actividades interfiere el dolor?
- Por cada medicamento que esté tomando, considere lo siguiente:
  - ¿Cuál es el nombre?
  - ¿Cuánto tiempo pasa entre una y otra dosis?
  - ¿Cuántas pastillas toma por vez?
  - ¿Exactamente cuánta medicina ha tomado en los últimos dos días?
  - ¿Cuánto tiempo tarda el medicamento en actuar?
  - Califique cuán bien funciona.
  - ¿Cuánto alivio proporciona el medicamento?
  - ¿Cuánto tiempo dura el alivio?
  - ¿Regresa el dolor antes de la hora de la siguiente dosis?
- ¿Qué más alivia el dolor?

(Adaptado de *Home Care Guide for Cancer*. Philadelphia: American College of Physicians, 1994.)

¿Qué pasa si el médico dice que no se puede hacer nada más?

Recuerde, el dolor relacionado con el cáncer *puede* ser aliviado. Siempre hay algo que se puede hacer para aumentar la comodidad. Estar en desacuerdo o confrontar a un médico o enfermera no es sencillo, pero si el control del dolor no es bueno, su comodidad y calidad de vida están en riesgo. Lleve a las visitas a la clínica y consultorio la información sobre el dolor y el alivio del mismo. Por ejemplo, lleve una copia de *Management of Cancer Pain: Adults. Clinical Practice Guideline. Quick Reference for Clinicians*, del Departamento de Salud y Servicios Humanos que figura en la sección de Recursos al final del libro. Pida al médico o enfermera que lea y discuta el texto con usted. Lleve su propia copia del *Patient Guide* del Departamento de Salud y Servicios Humanos. Haga del alivio del dolor una meta importante al estar tan informado como sea posible.

Muchas personas encuentran que es más fácil obtener la ayuda que necesitan si le piden a un familiar o amigo que los acompañe a la visita y los ayude a defender sus necesidades. Discuta sus necesidades y preocupaciones antes de la visita, así ambos estarán conscientes de sus metas. Un miembro de la familia o amigo puede ayudar con las discusiones difíciles, dar apoyo y formular algunas de las preguntas difíciles mientras usted escucha.

A los médicos y las enfermeras no les gusta ver que las personas sientan dolor. Va contra el propósito de su trabajo. Pero, a menudo, el mal alivio al dolor a menudo es el resultado de la falta de información, de la falta de tiempo y de dar una baja prioridad al alivio del dolor. Si el dolor persiste y el médico dice que no hay nada más que hacer, pida otra opinión. Pida ver a alguien que se especialice en el alivio del dolor relacionado con el cáncer. Está bien *pedir* una segunda opinión. Los expertos están de acuerdo en que si a un profesional de la salud le resulta incómodo referir a un paciente a alguien para una segunda opinión, eso es en sí mismo un motivo importante para obtener una segunda opinión. Ningún profesional de la salud puede saber todo lo que se debe saber sobre todos los problemas de salud. Recuerde, lo que está en juego es su calidad de vida.

7

Pagar el tratamiento para el dolor

Puntos clave

- El buen control del dolor es parte de la buena atención del cáncer.
- El costo no debería limitar el acceso a los medicamentos que controlan el dolor.
- Hay muchas fundaciones que ayudan a pagar por los medicamentos, técnicas y atención para el dolor.

El buen control del dolor es parte de la buena atención del cáncer. La buena atención al cáncer se da en todo tipo de entornos —pequeños hospitales comunitarios, consultorios y clínicas de médicos rurales, grandes centros médicos.

El acceso a los médicos y enfermeras que saben cómo manejar el dolor relacionado con el cáncer, el acceso a los medicamentos por prescripción y, en ocasiones, el acceso a suministros especiales, son las claves para el buen alivio del dolor. Es Estados Unidos, el acceso a la atención, los medicamentos por prescripción y los suministros especiales dependen de la capacidad de la persona para pagar por ellos. El pago puede provenir de nuestros propios bolsillos, de los seguros médicos privados, o de uno de los planes de seguridad social del gobierno (Medicare o Medicaid). La gente con pocas posibilidades económicas o con salarios bajos en ocasiones se ven obligadas a elegir entre gastar el dinero en alimentos y otras necesidades o comprar medicamentos.

Es crucial que la persona con cáncer, o un miembro de su familia o amigo, conozca las maneras de pagar los medicamentos para el dolor. Las medicinas por prescripción son la parte más importante del manejo del dolor relacionado con el cáncer. Lo que cubre un seguro afecta el acceso a estos medicamentos: si la persona con dolor no puede costearlos y el seguro no los cubre, entonces lo más probable es que ella tenga que prescindir de las medicinas por prescripción. Al manejar las prescripciones para el dolor, resulta crucial saber qué esperar de los seguros médicos: ¿qué pagarán y que no? ¿Qué preguntas deben formularse y qué respuestas deben tenerse? ¿Qué opciones están disponibles?

Medicare

Medicare cubre algunos, pero no todos, los costos salud de las personas de más de sesenta y cinco años de edad y de aquellas que han estado incapacitadas por al menos dos años. La mayoría de los estadounidenses de más de sesenta y cinco años de edad pagan por sus medicamentos por prescripción. En general, Medicare no paga las prescripciones a no ser que la persona esté tomando el medicamento mientras permanece internada en el hospital o durante una visita al consultorio médico. Una vez que la persona sale del hospital y las prescripciones son surtidas bajo una base de "paciente externo", la persona debe pagarlas. La necesidad de cubierta de prescripciones

es uno de los motivos por los cuales las personas asegura-
das en Medicare compran pólizas de seguros Medicare
adicionales, llamadas Medigap o seguros adicionales de
Medicare.

Medicare paga por las prescripciones como parte de
sus beneficios de hospicio. El hospicio Medicare permite que
una persona terminalmente enferma (que se piense que le
quedan menos de seis meses de vida) reciba atención, incluyendo prescripciones de paciente externo, de un hospicio
Medicare certificado. Otros beneficios de hospicio incluyen
cuidado en el hogar, atención de descanso y atención a pacientes agudos.

Medicaid

Medicaid es el programa de seguro de salud pública y medicamentos por prescripción para la gente con bajos ingresos
que sean de la tercera edad o ciegas, que estén incapacitadas o que tengan hijos que dependan de ellos. Los programas de Medicaid son dirigidos por los estados individual-
mente, y difieren levemente de un estado al otro. El nivel de
ingresos económicos que califica a una persona o familia
para recibir ayuda es establecida por el estado. Los programas de la mayoría de los estados cubren medicamentos suministrados por vía inyectable en el consultorio del médico,
por enfermeras que cuidan pacientes a domicilio, y por otras
instituciones de atención a la salud. Los medicamentos para
el dolor de los pacientes externos están cubiertos en la mayoría de los programas de Medicaid.

Algunos programas estatales de Medicaid limitan la
cantidad de veces que una receta puede ser vuelta a surtir, o la cantidad de medicamento que puede recetarse con
cada prescripción. Algunos estados limitan a las personas
a una pequeña cantidad de prescripciones por mes.

Los beneficios de Medicare y Medicaid pueden, en algunos casos, combinarse para ayudar a las personas que califican para ambos. Una enfermera o trabajadora social puede dar información sobre Medicaid. La solicitud de Medicaid comienza en la oficina local o estatal del Departamento de Servicios Sociales.

Seguros particulares

Las políticas de las aseguradoras particulares varían en su forma de pago por las prescripciones. Algunos estados permiten a las compañías aseguradoras vender pólizas "desnudas" que probablemente no cubrirán las prescripciones de los pacientes externos. Las aseguradoras varían en su disposición por pagar los servicios de enfermeras clínicas especialistas, enfermeras practicantes, fisioterapeutas, psicólogos, quiropractas, y otro tipo de profesionales de la salud que podrían estar involucrados en un programa de manejo del dolor. La Tabla 1 lo ayudará a evaluar los seguros médicos y los beneficios de acuerdo a las características comunes de las pólizas.

Organizaciones de mantenimiento de la salud

Las organizaciones de mantenimiento de la salud proveen atención médica amplia por médicos miembros y referencia a especialistas externos. La mayoría de las personas enroladas en estas organizaciones tienen cubierta para prescripciones. Algunas organizaciones para el mantenimiento de la salud requieren de un deducible o pago compartido de las prescripciones; algunas controlan el tipo, marca y can-

Tabla 1: Comparación de los beneficios
de los seguros médicos

Característica	Calificación		
	Muy bueno	Regular	Malo
Máximo de por vida.	Ilimitado o de $1,000,000 de dólares.	$500,000 dólares.	Menos de $500,000 dólares.
Enfermedades específicas excluidas.	Ninguna		Sí, por ejemplo enfermedades cardiacas, cáncer y SIDA.
Cubierta de días de hospitalización por año.	365	120	21
Deducible calendario-año.	$100-$200 dólares.	$300- $1,000 dólares.	$ 5,000 dólares.
Condición excluyente preexistente.	Ninguna	1-3 meses	12 meses
Cobertura cuando se viaja fuera del área de residencia.	Sí	En cualquier lugar de Estados Unidos, pero no en el extranjero.	No
Medicamentos por prescripción.	$3 dólares de co-pago por prescripción.	Sí, pero sujeto a un deducible y a un co-seguro.	No está cubierto.
Definición de medicamentos por prescripción.	Recomendada en la literatura médica.	Permite que se utilicen medicamentos aún si la Administración de Alimentos y Drogas no ha aprobado específicamente su uso para este propósito.	Permite el uso de medicamentos que se apeguen estrictamente a la Administración de Alimentos y Drogas.

Tabla 1: (continuación)

Característica	Calificación		
	Muy bueno	Regular	Malo
Permite o asiente y paga las consultas con especialistas que no figuran en el plan del seguro / organizaciones de mantenimiento de la salud.	90-100%	70%	0-50%
Psicoterapia para pacientes externos.	Ilimitada	30 visitas de $50 dólares cada una.	No está cubierto.
Reembolso por servicios de atención en el hogar.	Cuidado profesional, cuidado de custodia, servicios de ama de casa.	Sólo cuidado profesional y de custodia.	Sólo cuidado profesional.
Cuidados de hospicio.	Ilimitados	Limitado a 6 meses.	No está cubierto.

(Adaptado de materiales de Cancer Care, Inc. Para obtener la lista completa contacta a Cancer Care, 1180 Avenue of the Americas, New York, NY 1003602 o llame al 212-221-3300.)

tidad de medicamento que se puede prescribir. En muchos casos, alguna técnica especial o medicamento podrían requerir de autorización (llamada *preautorización*) antes de que se pueda iniciar el tratamiento. Los límites de las visitas a domicilio del paciente y el acceso a otros servicios y profesionales de la salud a menudo son condiciones de los contratos de las organizaciones de mantenimiento de la salud.

Otras fuentes de fondos para el tratamiento del dolor

No se puede permitir que la habilidad para pagar por medicamentos y tratamientos que alivian el dolor limite el acceso al alivio del dolor. Todos tienen derecho a esperar y recibir un buen control del dolor. En ocasiones, los planes confusos de los seguros o de las políticas del gobierno pueden hacer que el encontrar y pagar un tratamiento para el dolor relacionado con el cáncer. ¡Podría ser dolorosamente difícil! Las buenas noticias son que hay muchas fuentes de ayuda disponibles. Todas las personas pueden encontrar confort y alivio para el dolor.

No todos tienen seguros privados, y muchas personas que no lo poseen no califican ni para Medicare no para Medicaid. Algunas pólizas de seguros privados o cubren el costo de las medicinas que se prescriben para el dolor.

Hay ayuda. Algunas empresas que fabrican medicamentos para el dolor tienen programas para proveerlas (en ocasiones gratis, a veces con un costo menor) a los médicos cuyos pacientes no pueden comprarlas. Debido a las regulaciones para las prescripciones, el médico debe ponerse en contacto con la compañía —es ilegal que una empresa entregue estos medicamentos a no ser que un médico lo solicite. Pida ayuda a su enfermera, médico o trabajador social. Los Investigadores Farmacéuticos Fabricantes de Estados Unidos ha compilado un directorio que incluye a las empresas que tienen este tipo de programas. Puede obtener una copia del *Directory of Prescription Drug Patient Assistance Programs* llamando sin costo a los Investigadores Farmacéuticos Fabricantes de Estados Unidos, al 800-PMA-INFO, o al 800-762-4636. En el área de Washington, D. C., llame al 202-393-5200. Deje su nombre y dirección en el servicio de contestadora, y la lista le llegará por correo en menos de una semana.

La American Cancer Society puede ayudar a las personas con ingresos limitados a encontrar ayuda para obtener los medicamentos para el dolor, algunas divisiones de la Sociedad tienen fondos para ayudar a personas de bajos recursos económicos a pagar las medicinas para el dolor.

Algunos hospitales, clínicas y agencias de atención a la salud tienen fondos para ayudar a pagar por el costo de los medicamentos a las personas con cáncer. Muchas agencias, hasta algunas ubicadas en ciudades pequeñas y pueblos, tienen fondos especiales para ayudar a pagar por los costos de la atención y los medicamentos. Los trabajadores sociales a menudo saben sobre los fondos disponibles en su hospital o clínica y pueden investigar si una persona califica para recibir ayuda.

8

Necesidades especiales

Puntos clave

- Toda persona, sin importar su edad o historia personal, merece buen control del dolor.
- El buen control del dolor es posible para todos.
- El dolor significa cosas distintas para diferentes personas.
- Las personas varían en cuanto a la manera en la que reaccionan al dolor.
- Los lineamientos básicos para el control del dolor relacionado con el cáncer son los mismos para toda la gente.
- Algunas personas requieren de cuidados y técnicas especiales para controlar el dolor.

Los niños, las personas mayores, los individuos con problemas de salud aparte del cáncer, y aquellos con problemas emocionales o enfermedades mentales, tienen necesidades especiales cuando se trata del cáncer y del tratamiento del dolor. El abuso de sustancias —ya sea de drogas o alcohol— hacen que el manejo del dolor relacionado con el cáncer sea un desafío especial. Adicionalmente, las experiencias de vida de cada persona deben ser tomadas en cuenta en la atención al dolor relacionado por el cáncer. En este capítulo observaremos las necesidades especiales y cómo manejarlas.

Los niños y el dolor relacionado con el cáncer

A los niños no siempre se les ofrece buen alivio al dolor. Igual que en el caso de los adultos, hay muchas ideas equivocadas sobre los niños y el dolor que pueden obstaculizar un buen alivio al dolor. Estas incluyen la creencia de que los niños, y especialmente los bebés, no sienten el dolor; que los niños corren un riesgo más alto de volverse adictos a los opiáceos; que los opiáceos causan problemas respiratorios en los niños, y que los niños no recuerdan el dolor. Algunas personas creen que los niños no pueden decir dónde les duele y que superan el dolor con más rapidez que los adultos. *¡Estas ideas son mitos!* Los niños, de todas las edades, sí sienten el dolor. No tienen un riesgo mayor de adicción que los adultos. (Y el riesgo de adicción de un adulto cuando es tratado con una dosis alta de analgésicos opiáceos es menor al uno por ciento.) Existe poco riesgo de problemas respiratorios cuando la dosis del opiáceo se basa en el peso del paciente. Para los niños e infantes, el dolor puede hasta poner en riesgo su vida. Cuando un bebé o niño llora por periodos prolongados de tiempo, la cantidad de oxígeno que llega al cerebro puede bajar a niveles peligrosos. Estudios especiales prueban que los niños ciertamente nos pueden decir adónde les duele.

Mientras que los niños pueden recuperarse del dolor en el mismo marco de tiempo que los adultos, tienen menos control sobre la situación, y saben menos sobre lo que les está sucediendo. La experiencia de un niño puede ser mucho más atemorizante y, por lo tanto, requiere de atención especial. Y, como en el caso de los adultos, simplemente no es ético negarle el alivio a su dolor a un niño o a un bebé. Los infantes también pueden, y deben, recibir tratamiento para el alivio del dolor.

La atención segura del dolor en los niños requiere conocimientos, atención y habilidades especiales por parte de los profesionales de la salud. Algunos niños tendrán dolores que son difíciles de controlar. Si este es el caso, los especialistas en dolor infantil deben recibir ayuda para desarrollar un buen plan de atención al dolor. Utilizar todo lo que se sabe sobre el manejo del dolor propiciará una mejor calidad de vida en los niños de todos las edades que tienen cáncer.

Manejo del dolor relacionado con el tratamiento del cáncer

En los niños, el dolor relacionado con el cáncer no siempre puede compararse con el dolor relacionado con el cáncer en los adultos. El dolor a causa de los tratamientos y procedimientos es más común en los niños. (En los adultos, es más común que el dolor se relacione con el cáncer mismo.) En parte, este contraste se relaciona con los tipos de cáncer que afectan a los bebés y a los niños. Y aunque el tratamiento de la mayoría de los cánceres en la infancia resultan en una disminución rápida del dolor, la naturaleza continua del tratamiento y de las revisiones significa que el niño tendrá que pasar por procedimientos dolorosos durante el curso completo de la enfermedad.

Evaluar el dolor en los niños requiere de métodos diferentes de aquellos que funcionan en los adultos. Se han diseñado herramientas especiales de evaluación para utilizar con los niños: algunas utilizan colores que el pequeño pueda relacionar con el dolor; otras simplemente tienen dibujos de caras que reflejan cómo se siente el niño. Como los adultos, los niños también pueden decirnos adónde les duele —tal vez señalando las áreas de sus cuerpos, mostrando las áreas en una muñeca u osito de peluche, o señalando el punto dolorido en un dibujo del cuerpo.

Asegurarse de que el primer procedimiento no sea atemorizante ayudará al niño a soportar los futuros procedimientos dolorosos. El niño y su familia deberían saber qué esperar de cualquier procedimiento. El dolor y la ansiedad deben ser manejados al máximo grado. La sala de tratamientos debe ser lo más agradable posible.

Una crema anestésica llama EMLA puede ayudar a reducir el dolor de algunos piquetes de aguja utilizados para sacar sangre o acceder a un puerto, lugar de punción de médula ósea o de punción lumbar. La crema se aplica en el lugar donde se va a insertar la aguja y se cubre con un vendaje especial (por al menos sesenta minutos) que ayuda a que la crema sea absorbida por la piel. El área quedará adormecida por alrededor de cuatro horas. la EMLA no es utilizada en áreas utilizadas para suministrar algunos tipos de quimioterapia, porque su efecto impide tener la seguridad de que el líquido está entrando en la vena.

Una técnica de control del dolor utilizada especialmente en los niños se llama *sedación consciente*. La Academia Estadounidense de Pediatría define a la sedación consciente como a "un nivel de consciencia mínimamente deprimido que retiene la habilidad del paciente para mantener una vía aérea independiente y continuamente, y responder apropiadamente a la estimulación física y/o las órdenes verbales". En otras palabras, el niño está adormecido pero puede respirar bien por su cuenta y seguir órdenes. La sedación consciente se logra al combinar varios medicamentos a fin de obtener el efecto deseado. Las medicinas son administradas por vía oral o intravenosa si el niño tiene un catéter ya colocado. La meta es evitar el dolor de los piquetes de aguja y la ansiedad causada por el procedimiento.

Muchos expertos recomiendan el uso de la sedación consciente cuando un niño pasa por su primera punción lumbar (también llamada punción espinal) o aspiración de médula como manera de evitar las molestias causadas por procedimientos que serán repetidos a menudo. Cuando un niño está especialmente nervioso o ansioso, o cuando se espera que un procedimiento doloroso tome más tiempo que quince minutos, la sedación consciente puede utilizarse para controlar el dolor y la ansiedad del niño. En un hospital infantil respetado se piensa que alrededor de uno de cada ocho niños que pasan por una punción espinal necesita sedación consciente. En este hospital, una punción espinal por lo general lleva menos de quince minutos. Para periodos tan cortos de tiempo, es más común que se utilicen otros métodos de control del dolor.

Utilizando medicamentos y otras técnicas de control del dolor

La cantidad de medicina utilizada y la manera en la que éstas son administras a menudo son diferentes en los niños y en los adultos. La dosis correcta de medicamento se basa en el peso del niño y en el tipo de dolor que tiene. La mayoría de los niños pueden tomar medicamentos orales, aunque algunos podrían no querer hacerlo: estos pequeños sospechan rápidamente de las cosas que se les dan para comer o beber. Tal vez el control sobre lo que toman es el último poquito de control que tienen. En esta situación hay buenos motivos para usar la vía intravenosa de administración. La mayoría de los medicamentos

vienen en presentación líquida para el uso oral, o el farmaceuta los puede mezclar con líquidos. Los medicamentos
pueden ser pulverizados (a no ser que se trate de medicinas de acción prolongada) y puestos en una pequeña
cantidad de líquido o alimento suave. Cuando lo anterior
no es posible, los niños pueden tomar sus medicamentos
de la misma manera que los adultos (vea el Capítulo 4,
Cómo se suministra la medicina para el dolor, en la página 105). Por ejemplo, se ha enseñado a niños de cinco
años de edad a utilizar bombas de analgesia controlada
por el paciente.

Las enfermeras pediátricas nos dicen que los niños,
particularmente los adolescentes, han escuchado el mensaje de "Di no a las drogas". Así que aún cuando sientan
dolor, podrían tener miedo de tomar drogas. Puede ser
útil que un adulto en quien confíen, o tal vez otro niño
que haya sentido dolor hable con ellos de la diferencia
entre las drogas malas de las que oyen hablar y de los
buenos aspectos de los efectos que pueden ofrecer los
medicamentos que alivian el dolor.

Junto con los medicamentos, algunas de las otras
maneras de controlar el dolor que se describen en el Capítulo 5 también pueden funcionar para los infantes y los
niños. Los infantes encuentran consuelo en ser amaman-
tados, chupar un chupón o ser mecidos. Los infantes y los
niños pequeños responden a la distracción, la música y la
reconfortante presencia de uno de sus padres. Los niños
pueden ser masajeados y frotados. Se puede aplicar calor
y frío. Los niños mayores y los adolescentes pueden utilizar la visualización, la relajación, la biorretroalimentación,
la música, el arte, la hipnosis y la autohipnosis para ayudar a aliviar el dolor.

Los adultos mayores y el dolor relacionado con el cáncer

Las personas de la tercera edad necesitan y merecen una buena evaluación y control del dolor. Sin embargo, por varias razones, las personas mayores podrían no recibir un buen tratamiento para su dolor relacionado con el cáncer. Algunos individuos piensan que los ancianos no son tan sensibles al dolor, que lo toleran mejor que los jóvenes, o que el dolor es una parte natural del envejecimiento. Las personas de la tercera edad a menudo reciben medicamentos más suaves porque el médico o la enfermera asume, equivocadamente, que los ancianos no pueden tolerar los opiáceos. Y algunas personas de la tercera edad se sienten confundidas y no pueden decirles a otros nada sobre su dolor.

En realidad, las personas de la tercera edad sufren más dolor que los jóvenes. Los ancianos con cáncer a menudo tienen otras enfermedades y más de una fuente de dolor. Muchos toman varios medicamentos que no funcionan bien cuando se combinan, lo que genera efectos colaterales adversos y más dolor. Las personas mayores a menudo tienen problemas de visión y audición, lo que dificulta la comunicación. Algunos son olvidadizos y podrían no estar en posibilidades de recordar los detalles del dolor que sienten —cuándo se presenta, qué lo empeora, qué lo alivia. Sus reportes del dolor podrían cambiar a menudo y con rapidez. Como resultado, se debe revisar el nivel del dolor de las personas de la tercera edad con más frecuencia que en las personas más jóvenes.

A medida que envejecemos, las funciones de nuestros cuerpos cambian. Estos cambios normales y aquellos que resultan de las enfermedades deben ser evaluados e incluidos cuando se prescriben medicamentos. Las personas ancianas por lo general tienen menos agua en el cuerpo, menos masa muscular y más grasa corporal. Algunos medicamentos dependen del agua corporal, los músculos, la grasa y las proteínas para funcionar de la manera correcta. Además, la mayoría de las medicinas pasan a través del hígado y los riñones. A medida que las funciones del hígado y los riñones cambian con la edad, la manera en la que nuestro cuerpo usa y elimina los medicamentos también cambia.

Estos cambios significan que las personas de la tercera edad son más sensibles a los efectos de ciertos medicamentos y menos sensibles a otros. Las personas mayores son más sensibles a las medicinas no-esteroides anti-inflamatorias o AINEs, los opiáceos y algunos otros medicamentos utilizados como "adyuvantes" para tratar el dolor relacionado con el cáncer. Lo anterior no significa que estos medicamentos no deben prescribirse a los adultos mayores, sino que quienes las utilizan y sus profesionales de la salud deben ser cuidadosos y mantenerse atentos. La Tabla 1 presenta algunos asuntos asociados con los medicamentos utilizados en el tratamiento de las personas de la tercera edad.

Un plan de control del dolor exitoso aprovechará todo lo que se conoce sobre los medicamentos para el alivio del dolor y de todo lo que se sabe sobre los cambios físicos y emocionales que acompañan al envejecimiento. Un plan cuidadoso de atención puede brindar un buen alivio del dolor y permitir a la persona de la tercera edad tener la calidad de vida que se merece.

Asuntos emocionales y psicológicos

Casi la mitad de las personas con cáncer, especialmente aquellas con dolor, sufren problemas emocionales y psico-

Tabla 1: Los medicamentos para el dolor y el adulto mayor

Medicamento	Previsiones	Consejos
Medicinas no-esteroides antiinflamatorias o AINEs.	Mayor riesgo de irritación estomacal, problemas de riñones, estreñimiento y dolor de cabeza.	* Siempre pregunte los modos de proteger su estómago cuando tome estos medicamentos. * Reporte cualquier indicio de molestia en el estómago. * Espere que le practiquen análisis de sangre ocasionales a fin de monitorear la función renal. Si se presentan problemas, tal vez sea necesario que el médico o la enfermera reduzca la dosis.
Opiáceos	Estos medicamentos tienen un efecto más rápido y duradero en los adultos mayores, porque sus funciones renales y hepáticas son más lentas y el cuerpo no los elimina muy rápido.	Reporte la confusión o sedación, especialmente cuando se utilicen opiáceos de acción prolongada.
Anestésicos locales (lidocaína u opiáceos).	Podrían resultar en cambios de estado mental, retención de orina, estreñimiento y colon bloqueado.	Monitoree su paso del agua, movimiento intestinal y cualquier cambio en el estado mental. Reporte los cambios al médico o enfermera.
Antidepresivos	Pueden causar mareos (especialmente al levantarse de la cama) y torpeza, haciendo que la persona esté en riesgo de caerse.	Notifique al médico o enfermera si esto sucede. Siéntese por unos pocos momentos antes de pararse al levantarse de la cama. Utilice un bastón o caminadora, o pida la ayuda de alguien.

lógicos al enfrentar su enfermedad. Los problemas que requieren de la ayuda de un psiquiatra se presentan con mucha frecuencia, comúnmente durante la etapa terminal de la enfermedad. El estado de ánimo y la personalidad de una persona pueden ser modificados por el dolor severo; el alivio de éste puede hacer que los problemas desaparezcan. Una vez que el dolor esté controlado, se debería evaluar nuevamente el estado mental. Si el problema sigue allí, puede ser manejado.

Los sentimientos de desesperanza, inutilidad, culpa y suicidio son síntomas de depresión. Una persona que está deprimida puede beneficiarse de la ayuda de un psiquiatra, psicólogo o enfermera de salud mental que comprenda la confusión emocional que a menudo acompaña al cáncer. La depresión en una persona con cáncer puede tratarse, por lo general, como se la trata habitualmente —con psicoterapia, algunas técnicas de atención persona y medicamentos antidepresivos. Se debe tener especial cuidado cuando se prescriben medicamentos para la depresión a un paciente que ya está tomando medicinas para el dolor. Los opiáceos administrados con algunos medicamentos que se utilizan para tratar la depresión pueden causar reacciones severas.

Aun cuando muy pocas personas con cáncer se suicidan, el dolor que no es controlado aumenta los riesgos de suicidio. El miedo al dolor no controlado es un factor importante en los pedidos de ayuda a los médicos para morir, llamada *suicidio asistido* o *eutanasia*. Por otro lado, muchas personas que consideran el suicidio cambian de idea cuando el dolor está, finalmente, controlado. El alivio rápido del dolor y de otros síntomas perturbadores es una prioridad con la gente que está en riesgo de cometer suicidio.

El delirio es común en la gente con un cáncer en etapa terminal. En el delirio, la persona puede estar alerta un momento y somnolienta al siguiente. Su memoria, pensamiento, atención y comportamiento podrían cambiar de normal a anormal y nuevamente a normal. El delirio puede ser causado por el efecto directo del cáncer en el cerebro. También puede ser el resultado de los efectos de los medicamentos, las infecciones, el desequilibrio de los fluidos y químicos del cuerpo, o de la falla de un órgano o sistema vital. Algunos de los medicamentos que toman las personas con cáncer pueden propiciar un delirio. Los analgésicos opiáceos pueden causar confusión, especialmente en los adultos mayores y en las personas que se encuentran cerca del final de sus vidas. Se deben explorar todas las causas posibles antes de que se pueda iniciar el tratamiento correcto. Algunos delirios se pueden revertir, pero cuando fallan varios órganos, el delirio puede marcar que a llegado el último o el penúltimo día de vida.

Abuso de sustancias

El tratamiento del dolor relacionado con el cáncer en personas que tienen antecedentes de abuso de sustancias, o en aquellos que siguen abusando de las mismas, generalmente requieren de la ayuda de un experto tanto en el abuso de sustancias como del dolor relacionado con el cáncer. Los desafíos presentados por este grupo de individuos, sin embargo, no los excluye de la buena atención del cáncer y del buen control del dolor. El médico y la enfermera tendrán que considerar el abuso de sustancias en la planeación del control del dolor, pero aún así se deben adherirse a los lineamientos generales para el manejo del dolor relacionado con el cáncer. Durante la fase de evaluación, es común ubicar al abusador de sustancias en una de tres categorías: (1) adictos que están consumiendo drogas en el momento de su tratamiento para el dolor relacionado con el cáncer; (2) ex adictos que ya no abusan de las drogas, y (3) adictos en programas de mantenimiento con metadona.

Las personas que actualmente abusan de las drogas probablemente hayan desarrollado alguna *tolerancia* a los opiáceos utilizados para el dolor. Necesitarán dosis iniciales más altas y frecuentes que las personas que no son adictas. Muchos drogadictos en actividad necesitarán tratamiento para otros problemas de salud mental. Las personas que han abusado de las drogas en el pasado o que se encuentran en programas con metadona probablemente hayan desarrollado tolerancia a los opiáceos. Probablemente necesitarán dosis más altas de opiáceos a intervalos más cortos.

Excepto por algunos pocos casos, la elección de medicamentos para aliviar el dolor en realidad no es diferente para las personas con antecedentes de abuso de drogas. Algunas clases de medicamentos para aliviar el dolor *no deberían* ser utilizadas en las personas que siguen consumiendo opiáceos. Estos medicamentos bloquean el efecto de los opiáceos, lo que resulta en un síndrome de abstinencia y un aumento del dolor. Estas medicinas son la pentazocina (Talwin), el tartrato de butorfanol (Stadol), dezocina (Dalgan) y el clorhidrato de nalbufina (Nubain).

Diferencias culturales

Bill y Malcolm tienen, ambos, veintiséis años de edad. Malcolm es el exitoso vicepresidente de un banco. Bill juega béisbol profesional. Ambos sufrieron lesiones similares en la rodilla practicando deportes, y ambos fueron sometidos a cirugía el día de ayer. Después de la cirugía, Malcolm estuvo muy tranquilo. No demostró su dolor. En su familia, quejarse no era algo correcto. De hecho, toda su vida le enseñaron a guardarse el dolor. No se movió mucho, porque el dolor era terrible. Intentó pensar

en otras cosas para distraer su mente del dolor. A veces rezaba.
Todos asumieron que Malcolm no tenía dolor. Bill se quejó, se
lamentó y mostró el dolor en la expresión de su rostro. Le pre-
ocupaba que esto acabara con su carrera en el béisbol. El dolor
lo asustaba mucho. Era un recordatorio de que podía quedarse
sin trabajo. Su familia quería saber sobre su dolor. Cada vez
que alguien entraba a verlo, él le contaba cuánto le dolía y lo
terrible que había sido la cirugía. Ellos esperaban que él se que-
jara si le dolía. Todos se sentían mal por Bill e intentaban calmar
su dolor.

Bill y Malcolm sufrían un dolor similar, pero lo expre-
saban de maneras muy diferentes. Malcolm soportaba su
dolor, mientras que Bill lo expresaba abiertamente y a menudo. ¿Por qué Bill y Malcolm actuaban de maneras tan
diferentes? ¿Qué es lo que influencia la manera en la que
reacciona la gente al dolor?

El dolor es una experiencia personal. El dolor es complejo. Involucra un sentimiento físico de dolor y una reacción personal al mismo. Son muchas las cosas que tienen
influencia sobre la manera en la que reacciona alguien al
dolor y al alivio del mismo.

Las personas aprenden a expresar el dolor muy tem-
prano en la vida. Nuestras familias y amigos nos enseñan
cómo expresar el dolor. A alguna gente le enseñan a aguan-
tar el dolor; otros aprenden a hablar o quejarse. Las creencias culturales y las ideas de la familia sobre las conductas
ante el dolor se relacionan con la edad, sexo, ocupación, la
clase de problema que causa el dolor, la cantidad de dolor, el lapso de tiempo por el que se debe soportar el dolor.
Aprendemos como responder al dolor, a quién contarle,
qué métodos pueden utilizarse para aliviarlo y qué clase
de dolor necesita atención. Las creencias y prácticas culturales y religiosas juegan un papel importante en cómo
aprendemos a expresar el dolor. Para algunos, el dolor es
necesario y honorable, y debe ser soportado. Para otros, el

dolor es malo y es un despropósito. Algunas culturas ven a las demostraciones de dolor como algo vergonzoso o débil.

La fuente del dolor también tiene influencia en la manera en la cual reacciona al mismo. El dolor de correr un maratón deja cansados pero satisfechos a los corredores, especialmente si corren bien. El dolor se desecha rápidamente. El dolor que amenaza la salud es más difícil de soportar. El dolor relacionado con el cáncer tiene un significado más negativo. Este causa preocupación, y la preocupación causa más dolor. La gente considera al dolor relacionado con el cáncer como una señal de fracaso. Otros sienten que es una parte necesaria de tener cáncer.

La experiencia de una persona con el dolor y el alivio del mismo afecta la manera en la cual éste es percibido. Cuando una persona sabe, por experiencia, que el dolor puede aliviarse, es menos atemorizante. Una persona que ha padecido un dolor terrible, que no fue calmado, estará mucho más asustada. Estar asustado, ansioso o deprimido hace que el dolor empeore.

No hay una manera correcta o incorrecta de reaccionar al dolor. Haga saber a otros sus necesidades y deseos, especialmente si difieren de los habituales. La siguiente es una lista de cosas que deben considerarse sobre las creencias y valores concernientes al dolor. Tal vez desee compartir esta información con su médico y enfermera.

- ¿Cuáles son sus creencias sobre el dolor?
- ¿Cómo demuestra el dolor? ¿Qué palabras utiliza?
- ¿Qué significa el dolor para usted?
- ¿Cómo trata y maneja el dolor normalmente?
- ¿Está bien que haya otra persona presente durante sus revisiones físicas?
- ¿Cómo recava información?
- ¿Cuánta información desea tener?
- ¿Quién toma las decisiones sobre su salud?

- ¿Qué está dispuesto a intentar?
- ¿Hay alguna cosa que deba ser incluida en su plan de alivio al dolor para que funcione para usted (costumbres, conductas, valores, preferencias de alimentos, etc.)?
- ¿Hay alguna cosa que no quiera utilizar para el alivio del dolor (alimentos tabú, medicamentos específicos, otros tratamientos, etc.)?
- ¿Hay alguien más que deba ser parte por su plan?
- ¿Tiene otras creencias, rituales o tabúes relacionados con el dolor?

Los profesionales de la salud en Estados Unidos no siempre consideran las creencias étnicas, culturales o religiosas como parte del cuidado de la salud. Para algunos, las formas alternativas de sanación, otros sanadores, o las prácticas de salud no-tradicionales, son simplemente inaceptables. Esta falta de sensibilidad a los asuntos culturales puede llevar a la mala comunicación, al mal tratamiento y al mayor dolor y sufrimiento. Encontrar a un profesional de la salud que esté dispuesto a considerar otras creencias y prácticas de salud es un desafío pero, para muchas personas, un plan que permita las creencias y prácticas personales de salud tiene mejores probabilidades de éxito.

Formatos para llevar el registro de la atención que recibe

Llevar un registro de su plan de control del dolor facilita que otros sepan si el plan está funcionando. Los registros también pueden ayudar a evitar las confusiones en los horarios a los que se deben tomar los medicamentos. Escoja formatos que tengan sentido para su atención personal. Si ninguno de estos registros lo ayuda, considere el llevar un diario, una bitácora, o hacer apuntes sobre el dolor y el alivio del mismo. Los médicos y enfermeras utilizan esta información para determinar los cambios en el plan para proporcionar alivio.

Haga copias de estos formatos y utilícelos para llevar un registro del dolor y el alivio del mismo. Llévelos con usted en sus visitas al médico o enfermera. Pídales que escriban en ellos los nuevos medicamentos y terapias.

El formulario de la *Lista de medicamentos y efectos colaterales* simplemente lista todos los medicamentos incluidos en el plan de control del dolor. También puede incluir otros medicamentos que esté tomando. A algunas personas les gusta hacer una lista todos los días, mostrando las horas exactas a las que tomar los medicamentos. Tachan la hora de la lista después de tomar el medicamento. Esta lista puede ayudarlo a no confundirse cuando deben tomar muchos medicamentos.

El *Registro del dolor y del alivio del dolor* es una manera de dar seguimiento al dolor y al alivio del mismo y de reportar los efectos colaterales de los medicamentos. También hay espacio para escribir sobre cualquier otro método que haya probado para aliviar el dolor. Este formato ayuda para mostrar al médico o enfermera si el plan está aliviando el dolor, y les muestra los efectos colaterales que no se hayan tratado.

Describiendo el dolor es un formulario de evaluación que puede ayudarlo a explicarles su dolor a otros. Su llenado requiere de un poco de tiempo, pero esta evaluación puede ayudar al médico o enfermera a comprender mejor su dolor.

Algunas herramientas para describir el dolor muestra diferentes maneras de calificar el dolor y el alivio del mismo. Cualquiera de las escalas funcionar, siempre y cuando utilice la misa escala cada vez que evalúe el dolor.

Lista de medicamentos para el dolor y efectos colaterales

Nombre del medicamento	Dosis o cantidad	Para qué es	Qué apariencia tiene	Cuándo tomarlo	Efectos colaterales que se deben reportar

(Para obtener un formulario de tamaño completo para fotocopiar, vea el desplegado.)

Instrucciones:

1. Liste cada medicamento y la cantidad que debe tomar cada vez.

2. Escriba para qué es (como por ejemplo para el dolor, el estreñimiento o la náusea).
3. Describa qué apariencia tiene (como por ejemplo píldora morada o líquido claro).
4. Escriba la hora exacta del día a la que debe tomarlo (como por ejemplo 8 a.m. y 8 p.m. para dos veces al día; u 8 a.m., 12 mediodía, 4 a.m., 8 p.m., 12 medianoche y 4 a.m. para cada cuatro horas).
5. Liste cualquier efecto colateral que deba reportar (como por ejemplo no he movido el vientre o estómago revuelto).

Registro del dolor y del alivio del dolor

Fecha	Hora	Califica-ción del dolor	Medica-mento utilizado y cantidad	Otras cosas que intenté	Califi-cación del alivio	Efectos colate-rales u otros proble-mas	Comentarios

(Adaptado de la Agency for Healthy Care Policy and Research. *Managing Cancer Pain: Patient Guide.* Rockville, Md.: Departamento de Salud y Servicios Humanos de Estados Unidos, marzo de 1994.)

(Para obtener un formulario de tamaño completo para fotocopiar, vea el desplegado.)

Instrucciones:

1. *Calificación del dolor:* escoja una escala de evaluación entre las que figuran en el Capítulo 2.

2. *Calificación del alivio:* califique el alivio obtenido una hora después de haber tomado la medicina para el dolor utilizando la misma escala.

3. *Otras cosas que intenté:* liste cualquier otra cosa que haya intentado para aliviar el dolor (como calor, frío, relajación, quedarse quieto).

4. *Efectos colaterales u otros problemas:* apunte todos los problemas y lleve registro de su movimiento intestinal.

5. *Comentarios:* escriba cualquier otra cosa que desee compartir (como por ejemplo la ubicación del dolor o qué estaba haciendo cuando éste se presentó).

Formulario de evaluación

1. ¿Cómo se siente el dolor?

2. ¿Cuándo comenzó?

3. ¿Está presente todo el tiempo, o va y viene?

4. ¿Cuán severo es? (Utilice una escala de calificación del Capítulo 2.)

5. ¿Dónde se localiza el dolor? (Marque en el dibujo del cuerpo el lugar donde le duele.)

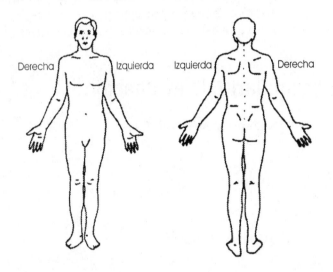

6. ¿Se mueve el dolor de un lugar a otro? ¿Adónde se mueve?

7. ¿Hay más de un tipo de dolor? Describa cada uno por separado.

8. ¿Cuándo tiene dolor? (¿Todo el tiempo? ¿Sólo durante la noche? ¿En otros momentos?)

9. ¿Cuánto tiempo dura el dolor?

10. ¿Es nuevo este dolor?

11. ¿Qué le impide hacer el dolor?

12. ¿Interrumpe su sueño el dolor? ¿Se despierta con dolor durante la noche o en la mañana?

13. ¿Cambia el dolor su estado de ánimo?

14. ¿Afecta el dolor su apetito?

15. ¿Qué cree que está causando este dolor?

16. ¿Qué lo alivia o lo calma?

17. ¿Qué lo empeora?

18. ¿Qué es lo que ya ha intentado para aliviar el dolor? ¿Qué hizo y cómo funcionó?

19. ¿Qué medicamentos está tomando para el dolor en este momento?

20. ¿Cuán bien funcionan los medicamentos en el alivio del dolor?

21. Describa todos los efectos colaterales que le produzca el dolor.

22. ¿Tiene algún otro problema que haga que su dolor sea más difícil de soportar?

23. ¿Le preocupa alguna de las medicinas que está tomando? De ser así, ¿cuál o cuáles son?

24. ¿Le preocupa alguna otra cosa sobre el plan para el control del dolor?

25. ¿Cuánto más alivio le permitiría moverse mejor?

26. ¿Cuál es su meta de alivio?

Algunas herramientas para describir el dolor

Escoja una herramienta que tenga sentido para usted. Utilícela para mostrar el dolor y cuánto alivio obtiene de los medicamentos y otras cosas para manejar el dolor.

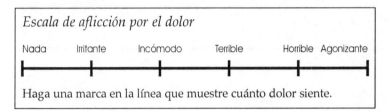

Escala de aflicción por el dolor

| Nada | Irritante | Incómodo | Terrible | Horrible | Agonizante |

Haga una marca en la línea que muestre cuánto dolor siente.

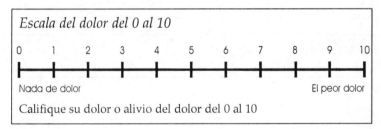

Escala del dolor del 0 al 10

0   1   2   3   4   5   6   7   8   9   10

Nada de dolor   El peor dolor

Califique su dolor o alivio del dolor del 0 al 10

Escala de caritas

Esta escala de calificación se recomienda para personas de tres años en adelante.

Señale la carita que muestre mejor cómo se siente.

(Reimpreso con permiso de Whaley, L., y D. L. Wong. *Nursing Care of Infants and Children*. 5° edición. St. Louis, Mo.: Mosby-Year Book, Inc., 1995.)

Escala del dolor

Menos dolor posible
Peor dolor posible

Coloque una marca en la línea que muestre cuánto dolor tiene.

Escala de alivio

Ningún alivio del dolor
Total alivio del dolor

Coloque una marca en la línea que muestre cuánto alivio logra.

Escala de estado de ánimo

El peor estado de ánimo
El mejor estado de ánimo

Coloque una marca en la línea que muestre cuál es su estado de ánimo.

Escala de estado de ánimo

Moderado
Apenas notable

Fuerte
Nada de dolor

Leve

Agudísimo
Severo

Débil

Encierre en un círculo la palabra que describe su dolor.

(Tarjeta de evaluación del dolor del Centro del Cáncer Memorial Sloan-Kettering. Utilizada con permiso.)

Glosario

Ablandador de heces: medicamento que suaviza los movimientos intestinales. También llamado *laxante* y *catártico*. Se puede combinar con un estimulante peristáltico.

Acción: el tiempo que requiere un medicamento para comenzar a hacer efecto. También llamado *tiempo de acción*.

Adicción: un problema psicológico o emocional que hace que la gente tome medicamentos por motivos ajenos al alivio del dolor. Esto rara vez es un problema para las personas que toman medicamentos para el dolor relacionado con el cáncer. Vea también *tolerancia* y *dependencia física*.

Analgesia controlada por el paciente (ACP): una manera de administrar medicamentos para el dolor que le da el control al paciente. Por lo general se utiliza para manejar el dolor después de la cirugía y el dolor recurrente.

Analgésico: medicamento para aliviar el dolor. También llamado *calmante*.

Analgésico no-opiáceos: lo mismo que *analgésico no-narcótico*.

Analgésico no-opioide: lo mismo que *analgésico no-narcótico*.

Analgésicos narcóticos: medicamentos para el alivio del dolor con ingredientes relacionados con el opio. También llamados *opiáceos* u *opioides*.

Analgésicos no-narcóticos: medicamentos que son utilizados para el alivio del dolor leve y, a veces, con otros medicamentos, del dolor severo. Muchos pueden comprarse sin prescripción médica. Ejemplos de ellos son: acetaminofén, aspirina e ibuprofén. También se llaman *no-opiáceos* o *no-opioides*.

Area de tratamiento: la parte del cuerpo que es el blanco del rayo en una radioterapia.

Bolo: una sola dosis de medicina, una píldora grande.

Co-analgésicos: lo mismo que *medicamentos adyuvantes*.

Compresión de la médula espinal: una condición de emergencia que se presenta cuando un tumor presiona la columna. Si no se trata, la compresión causa cambios en la función de los nervios ubicados en y debajo del nivel de presión. Puede causar dolor, cambios en las funciones de los intestinos y vejiga, y parálisis.

Cuidado coordinado: profesionales de la salud que trabajan juntos para discutir el plan para la atención de una persona. También se llama *enfoque de equipo*.

Cuidado multidisciplinario: cuidado coordinado de la salud que es provisto por un grupo de personas provenientes de diferentes áreas de la salud —tales como médicos de varias especialidades, enfermera, fisioterapeuta, y trabajador social— que evalúan a una persona y elaboran un plan de cuidado. También se llama *cuidado interdisciplinario*.

Dependencia física: una condición física (biológica) que se presenta con el tiempo cuando se toman medicamentos opiáceos. Si el medicamento se retira con rapidez, los síntomas físicos de abstinencia se presentarán. Esto puede evitarse al bajar lentamente la dosis de medicamento. También llamada *dependencia*. Esto no es lo mismo que adicción.

Distrofia simpática refleja: un problema que se presenta después de un trauma, tal como lesión o cirugía, que altera la función de los nervios y resulta en dolor y pérdida de función del miembro afectado (brazo, mano, pierna, pie).

Dolor agudo: dolor que dura poco tiempo.

Dolor crónico: dolor que dura un largo periodo de tiempo a no ser que sea controlado. Cuando se detiene el tratamiento para controlarlo, el dolor regresa. La mayor parte del dolor relacionado con el cáncer se considera crónico. También se llama *dolor persistente*.

Dolor neuropático: el dolor que se presenta cuando los nervios son afectados o dañados.

Dolor nociceptivo: dolor causado por un cambio o daño en los tejidos u órganos.

Dolor recurrente: dolor que regresa entre dosis programadas de medicamento.

Dosis: la cantidad exacta de medicamento que se toma por vez.

Dosis de rescate: una dosis extra de medicamento que se toma entre las dosis programadas si el dolor vuelve a presentarse antes de que llegue la hora de la dosis programada.

Duración: la cantidad de tiempo que dura el medicamento. También llamado *duración del efecto* o *duración de la acción*.

Efecto colateral: un síntoma, como por ejemplo estreñimiento, boca seca, náusea, vómitos, que resulta del uso de un medicamento.

Enfoque de equipo: los profesionales de la salud trabajando juntos para discutir un plan para la atención de una persona. También llamado *atención coordinada*.

Equianalgesia: la cantidad aproximada de poder de alivio del dolor de un medicamento comparado con otro, o el poder de aliviar el dolor del mismo medicamento administrado de diferentes maneras.

Escalera analgésica: un método sistemático diseñado por la Organización Mundial de la Salud para aumentar o disminuir los medicamentos basándose en la cantidad de dolor y de alivio del mismo.

Estimulante peristáltico: medicamentos que hacen que los movimientos intestinales sean más rápidos a través de la vía intestinal aumentando la motilidad intestinal. Pueden combinarse con un ablandador de heces.

Estomatitis: llagas en la boca o garganta que podrían ser ocasionadas por los tratamientos de quimioterapia o radioterapia en el área de la boca y la garganta.

Estreñimiento/Constipación: esforzarse para mover el intestino; heces secas y duras; mover el intestino que menos frecuencia de la habitual; o tener movimientos intestinales más escasos y difíciles de lo común.

Extravasación: doloroso daño en los tejidos causado por medicamentos de quimioterapia vesicantes.

Frecuencia: cuán a menudo es tomada una medicina. Los horarios para tomar los medicamentos.

Impacción: bloqueo del colon causado por heces secas y duras relacionadas con el estreñimiento.

Intraespinal: una manera de administrar medicamentos vía el fluido medular o espacio espinal.

Intraventricular: una manera de administrar medicamentos dentro de un bolsillo o ventrículo en el cerebro.

Llagas por presión: una lesión en la piel que resulta de la presión prolongada sobre los puntos con huesos, tales como la cadera, el cóccix, tobillos y codos. También llamadas *llagas de cama* o *úlceras por presión*.

Medicamentos adyuvantes: medicamentos que "añadidos a" o utilizados en lugar de los analgésicos para manejar el control del dolor. También medicamentos utilizados con analgésicos para el control de otros síntomas.

Medicamentos no-esteroides anti-inflamatorios o (AINEs): un grupo de medicamentos que alivia el dolor, disminuye la inflamación, baja la hinchazón y la fiebre. Los analgésicos no-opiáceos, excepto por el acetaminofén, son llamados AINES.

Metástasis: propagación de un cáncer primario a otras áreas del cuerpo, incluyendo órganos y huesos. El dolor causado por la metástasis en los huesos es la causa más común de dolor en la gente con cáncer.

Miligramo: una medida de masa del sistema métrico que es igual a la milésima parte de un gramo. Un gramo es la vigésima octava parte de una onza. Se abrevia mg.

Mililitro: medida de líquido del sistema métrico. Cinco mililitros son iguales a alrededor de una cucharadita de té. Se abrevia ml.

Mucositis: lesiones que se forman en la cubierta de los intestinos que puede causar cólicos dolorosos y diarrea.

Neuropatía periférica: dolor, sentimientos de cosquilleo, adormecimiento y pérdida de la función que siguen al uso de algunos medicamentos para el cáncer.

Nombre comercial: el nombre que un fabricante le da a un medicamento.

Nombre genérico: el nombre que dice de qué está hecho un medicamento. Por ejemplo aspirina, acetaminofén, morfina.

Oncólogo: un médico que se especializa en el tratamiento del cáncer.

Opiáceos: medicamentos analgésicos con ingredientes relacionados con el opio. También llamados *narcóticos* y *opioides*.

Opioides: lo mismo que *opiáceos*.

Oral: "por la boca"; vía para la administración de medicamentos.

Parenteral: vía para administrar medicamentos, incluyendo la intravenosa (IV), subcutánea (SC, SQ o Sun-Q) e intramuscular (IM).

Planeación de alta: planeación que tiene lugar en los hospitales para proveer a las necesidades de atención a la salud de una persona cuando ésta abandona el hospital.

Plexopatía: dolor producido cuando un tumor o tejido cicatrizado presiona un grupo de nervios (un plexo).

Prescripción: un papel legal que le dice a un farmaceuta exactamente qué medicamento administrar a una persona, con direcciones sobre cómo tomar la medicina. Los analgésicos opiáceos requieren de prescripción. Algunos analgésicos no-opiáceos requieren de prescripción, otros no.

PRN: abreviación latina para "como sea necesario" o "como se necesite", que indica que el medicamento debe ser tomado sólo cuando el dolor regrese.

Programa de medicamentos: un programa para tomar medicamentos para el dolor regularmente a determinadas horas del día y de la noche para evitar que regrese el dolor. También conocido como *indicaciones*.

Rectal: una vía de administrar medicamento, éste es colocado en el recto.

Techo: un límite en la dosis a la que se puede aumentar un medicamento sin causar problemas. Los no-opiáceos tienen techo, los opiáceos no.

Titración: elevar o disminuir la dosis de medicamento para lograr el mejor alivio del dolor.

Tolerancia: una condición física (biológica) que se presenta con el tiempo al tomar medicamentos opiáceos. El cuerpo se ajusta a los medicamentos, y son necesarias dosis levemente mayores para aliviar la misma cantidad de dolor. Si se retira el medicamento, la tolerancia desaparece. Esto no es lo mismo que adicción. También se llama *tolerancia física*.

Transdérmico: un parche especial para la piel que permite que el medicamento sea absorbido lentamente por el cuerpo.

Vesicante: un tipo de medicamento de quimioterapia que puede dañar la piel y los tejidos justo debajo de la piel si se filtra fuera de la vena en la que está siendo administrado el medicamento. El daño que se causa a los tejidos por un vesicante es llamado *extravasación*.

Índice analítico

Otros títulos afines

J.P. Vaswani

Qué hacer cuando las dificultades nos golpean

8 sugerencias prácticas

PANORAMA

Nico Herrera

Cómo prosperar en tiempos difíciles

PANORAMA

Ricardo Silva Rodríguez

Frases llave para la sanación emocional

Crecimiento personal sin terapia

PANORAMA

Joyce Sackett

De la desesperación a la esperanza

La jornada de fe de una madre despúes del suicidio de su hija

PANORAMA